# AI
## 赋能
## 小红书
## 运营

符健治 | 编著

**爆款打造 + 推广引流 + 店铺运营 + 品牌战略 + 实操案例**

清华大学出版社
北京

# 内容简介

本书共六章，主要包括小红书的新机制和营销生态、小红书+AI的高效起号、小红书爆款的打造、小红书私域引流技巧、小红书公域运营策略、小红书营销投放和品牌营销战略。为了使读者更好地理解小红书的系统化运营策略、掌握有效的小红书运营技巧，本书更加注重实操案例的解析，每个重要知识点都结合了具体案例进行讲解。

本书是根据实践经验总结而编撰的，适用于需要学习小红书运营的个人和企业，尤其适合需要基于小红书做新媒体战略拓展的企业。

**图书在版编目（CIP）数据**

AI赋能小红书运营：爆款打造+推广引流+店铺运营+品牌战略+实操案例 / 符健治编著.
北京：清华大学出版社，2025. 2.
ISBN 978-7-302-67966-0

Ⅰ. F713.365.2

中国国家版本馆CIP数据核字第20256AZ662号

责任编辑：杜春杰
封面设计：刘　超
版式设计：楠竹文化
责任校对：范文芳
责任印制：刘　菲

出版发行：清华大学出版社
　　　　　网　　址：https://www.tup.com.cn，https://www.wqxuetang.com
　　　　　地　　址：北京清华大学学研大厦A座　　邮　　编：100084
　　　　　社 总 机：010-83470000　　　　　　　邮　　购：010-62786544
　　　　　投稿与读者服务：010-62776969，c-service@tup.tsinghua.edu.cn
　　　　　质量反馈：010-62772015，zhiliang@tup.tsinghua.edu.cn
印 装 者：天津安泰印刷有限公司
经　　销：全国新华书店
开　　本：145mm×210mm　　　印　　张：7　　字　　数：218千字
版　　次：2025年3月第1版　　　印　　次：2025年3月第1次印刷
定　　价：59.80元

产品编号：106100-01

# 前 言

当前市面上的小红书相关图书内容基本上以个人创作者运营和获取单一的广告收益为主，极少涉及企业端的标准化运营和矩阵化运营，尤其缺乏商业化导向的收益获取逻辑。

随着小红书的商业化进程的迅速发展，企业和个人利用小红书获取流量、进行产品销售的需求已经十分迫切，而小红书平台上从个人用户角度出发的收益获取和0～1阶段的运营方法已无法满足其需求。因此，市面上亟须一套站在内容电商商业的角度讲述如何运营小红书的体系。当前这一类需求辐射到各行业的新媒体从业人员、有意愿转行做新媒体的从业人员、自媒体工作室等，相关人员的身份包括但不限于个人创业者和企业管理者。

基于上述背景，我作为具有丰富的小红书运营经验的从业人员，从多个实践经历中总结出一套相应的解决方案，并形成一套方法论，成就本书。本书的账号生命周期脉络为：入门→起号→定位→内容→涨粉→获取收益。从了解到熟练，从内容制作到获取收益，全流程打通小红书底层认知逻辑、效果导向的运营逻辑，注重小红书0～1的搭建过程。该书中亮点为AI的应用、爆款笔记打造、公域和私域的收益获取和广告营销四大板块。

整书嵌入了AI+小红书的视角，从小红书店铺运营、小红书私域引流、小红书SEO搜索优化、小红书达人体系、小红书品牌推广体系（蒲公英）、小红书商业广告（聚光）六个维度全方位介绍小红书的玩法，结合一些我亲自操盘或比较熟悉的案例深度剖析，深入浅出地展示了一套立体化的小红书商业运营策略。本书的特色为AI人工智能大模型的商业化初级应用，提出"只讲重点论"，提倡"复杂的事情简单讲，简单的事情重复讲"，真正关注创作者、广告主在小红书实际运营过程中存在的问题并提供相应的解决方案，而非走一套小红书运营策略拆解流水账。我始终认为，拆解别人成功的经验，往往会导致浮于表面，甚至会导致经验变得教条化。但是创作者自身站在新手的视角，和新手打成一片之后总结的经验，会更加接地气。

我在一线工作多年，在互联网上与普通员工、粉丝和广告主有深度交互，同时也是互联网公司高管，既能站在战略的高度发现问题，也能站在实践的角度解决问题。企业决策层如有小红书乃至新媒体方面的渠道拓展需求，此书亦有利于其窥探更高维度的小红书乃至新媒体方面的运营战略布局。

本书的另一目的是希望读者学会区分市面上五花八门的小红书流水账内容，真正从技术性运营层面回归理智的洞察者视角，"躬身入局"，既能看到"怎么去做"，也能从中理解"做"的基本原理。当我们真正对小红书的运营抽丝剥茧，就会发现判断小红书"价值在哪里"的重要依据就是"做什么动作离收益最近"。

本书根据商业化导向梳理的知识脉络为：小红书运营→小红书私域引流→小红书公域运营→小红书流量放大→小红书品牌推广体系→小红书商业广告。其中，本书在小红书私域和公域板块均提供了 SEO 搜索这类免费流量的获取途径，比较适合个人和企业初期的低成本试错。同时也提供了广告主自营商业广告和达人合作的商业广告两种付费流量的获取模式，以满足企业和个人快速放大市场份额的需求。书中重点介绍蒲公英、聚光平台等小红书旗下的营销广告工具，这类营销工具的正确使用结合内容的合理优化，能大幅提升运营效果，包括但不限于内容的曝光率、点击率和转化率。

同时，对于需要基于小红书做新媒体战略拓展的企业，无论是营销诉求、科普诉求，还是品牌宣传诉求，均可基于本书的小红书系统化运营策略举一反三。

符健治

2024 年于广州

# 目 录

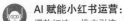

# 小红书的新机制和营销生态

随着新媒体在商业营销中的比重越来越大，以抖音、小红书为代表的新媒体平台在商业营销中开始占据举足轻重的地位。业内有一种说法是"要入局新媒体，必入局小红书"，这在一定程度上说明了小红书在新媒体中的重要性。因此，越来越多的个人、企业开始研究小红书的机制和营销生态。小红书的营销生态并非一成不变，是随着用户的心智成长，以及商业环境的发展而迭代的。因此，站在 2024 年新媒体的新起点上，大家要开始学习小红书的最新机制和营销生态。

## 第一节　小红书的发展趋势

近年来，小红书作为新兴的新媒体平台，其发展不可谓不迅猛。

2023 年 8 月 24 日，市场估值已达 200 亿美元的小红书在上海举办"link 电商伙伴周'买手时代已来'"主题会谈，小红书公司指出平台购买用户增长 12 倍，将投入 500 亿流量扶持买手。月狐 App 数据显示，截至 2023 年 10 月，小红书全网渗透率已超过 24%，移动购物行业渗透率已超过28%，于年内稳步增长[1]。千瓜数据在《2023 小红书

---

[1]　小红书举办 link 电商伙伴周：千亿流量，扶持小红书买手、商家 [EB/OL].（2023-08-26）. https://www.sohu.com/a/715057646_115479..

平台出行工具赛道洞察数据报告》中提到：小红书年度商业曝光超 10亿，新蓝海市场大开。

从 2022 年下半年起，小红书出行工具笔记量持续上升，2023 年涨势显著，上半年种草笔记总量已突破百万，互动总量超五千万，同比上个周期增长 119.80%、36.62%。在商业投放上，小红书的投放力度在全行业中处于中下游，但增长迅猛，近 1 年商业笔记总数增长 315.35%，互动总量增长 422.22%，预估曝光量超 10 亿，增长1828.94%……[①] 这一系列数据说明小红书在当前的互联网时代具有巨大的市场潜力，并有极强的市场竞争力，且市场化进程还将进一步加快，在这个过程中，与小红书商业化有关的蒲公英、聚光平台等商家端的运营关注点也在直线上升。

## 一、小红书的行业数据报告

### （一）小红书整体数据

从商业大视角看聚光平台提供的以下两个小红书数据。

（1）小红书 60% 的用户倾向于浏览种草信息，而 40% 的用户喜欢通过搜索辅助决策。

（2）小红书的用户兴趣主要集中在时尚、美妆、美食、生活、出行等领域。

这两个数据[②] 告诉我们：

第一，过去很多用户习惯用百度搜索获取信息，现在很多用户已经开始习惯用小红书搜索获取信息了。

第二，时尚、生活记录、美食、美妆、出行是小红书平台主要的

---

① 2023 小红书平台出行工具赛道洞察数据报告 [EB/OL].（2023-08-27）. http://news.sohu.com/a/714690283_121666195.

② 小红书聚光平台营销简案: https://fe-video-qc.xhscdn.com/fe-platform/4129932213ffe5bd673243f0d66209623649d5a7/%E8%81%9A%E5%85%89%E5%B9%B3%E5%8F%B0%E8%90%A5%E9%94%80%E7%AE%80%E6%A1 % 88.pdf?uba_pre=18.aurora_login..1729499391890&uba_index=2.

板块，所以流量比较大的内容也基本围绕这几大板块，相应地，小红书的用户主体的兴趣也集中在这几大板块。

## （二）小红书企业用户行业数据

在具体类目上，大家也可以通过一些行业数据报告窥探小红书的平台生态。

千瓜数据关于 2022 年的小红书行业数据洞察报告显示，母婴行业是小红书的主要类目。以此内容辐射的宝妈人群一直被认为是"最值钱的流量"。

母婴行业的小红书内容阅读者年龄在 18 ～ 34 岁，孕产妇保健、母婴护理、奶粉、纸尿裤等品牌加大了在小红书的投放力度，且商业笔记互动量较高。

值得注意的是，千瓜数据揭示，"宝宝穿搭""二胎孕期""宝宝玩具"这三个关键词是母婴行业中最热门的关键词。这个信息非常值得大家思考，尤其值得母婴行业的有关人员思考。

同时，大家要知道，一个平台主动搜索的用户的比例在某种层面上体现了这个平台的内容价值和用户黏性。小红书平台各行业的搜索数据都在蓬勃发展，关键词 SEO 长尾效应可延续 30 天左右。

## （三）小红书个人用户数据

站在个人自媒体角度来看，小红书 & 睿丛咨询的《小红书 2024CNY 行业趋势报告》显示，"零食"类目的内容在小红书中增长尤其明显。

作为快消品行业门槛最低、市场最大的类目，零食可以说与很多自媒体人第一桶金的回忆相关。时至今日，像小红书、抖音这样的新兴内容电商里，零食类目仍然是自媒体成长的摇篮。我在 2024 年 1 月对自媒体粉丝的开年致辞中就讲到："零食类目对于自媒体新手来讲，仍然是最容易入手的类目。"

通过前面的简单列举，大家对小红书的平台数据有了一定的感知。接下来将讲解具体的运营方法。

## 二、小红书的用户属性

要了解小红书运营方向的一些具体的内容，应当从对用户属性的研究开始。就好像做一件事情之前，大家一定要知道自己是跟什么人打交道，正所谓"知彼知己，百战不殆"。截至 2023 年 1 月，小红书用户超过 3.5 亿，主要面向高消费、都市白领、"90 后"以及"00 后"的年轻群体，其中 24 岁以下人群占比达 58.3%，女性占比高达 87%，高线上消费人群占比 51%，强大的消费力人群聚集造就了小红书强大的电商属性[①]。

事实上，哪怕抛开客观数据，只从朴素的个体感知上，大家就基本可以感受到小红书的主要用户人群为女性，而且是 18 ～ 34 岁为主的青年女性。这个数据和前面提到的母婴内容的主要受众群体高度重合，换个说法，甚至可以说小红书的主要用户属性跟宝妈用户属性高度重合。而这个群体是公认的"标品消费主力军"，所以在广泛的标准化商品市场中，这个群体流量都是最高的，也是各大商家争相抢夺的对象[②]。

青年女性群体的购物特征主要有以下几点。

（1）有极强的扩散性。

（2）更喜欢个体体验，不喜欢生硬广告。

（3）追求个性，喜欢绚丽多彩，不喜欢标准量化。

（4）注重情感和情绪价值。

因此，抓住这个群体的购物特征，就能在小红书上把内容—商品的串联打通打平，进而真正挖掘小红书的商业价值。而"挖掘小红书的商业价值"，恰恰是本书想要探讨的主要方向。

如果你已经在做小红书，或者在小红书的赛道上摸索过至少两年，就会得出一个结论：低净值用户占据相当一部分比例。当在小红书赛道上更加深入地探索，或者说用商业的视角去重新定义小红书并且拿

---

① 3.5 亿用户巨头突然宣布，关停这项业务！[EB/OL].（2023-09-03）. https://finance.sina.com.cn/jjxw/2023-09-03/doc-imzkmpxe3500780.shtml.

② 这里的"标品"主要是指"能规格化，可工业化大批量生产，同质化严重"的商品，如日用品、护肤品等，有别于房子、车子这种大宗商品。

到结果后，就会得出另一个结论：小红书的用户深度获取收益价值其实非常高。

## 三、小红书的深度算法解析

### （一）小红书热门案例中的算法分析

要想在小红书运营方面获得不错的结果，大家需要注意的就是小红书的流量分发机制。而通用的逻辑上，小红书的流量分发机制是由一个叫作"算法"的东西决定的。

接下来将通过几个小红书案例的分析感受小红书算法中"令阅读者拥有良好体验"却又"令创作者匪夷所思"的现象。

如图 1-1 所示，这是同一个创作者主页的笔记，除其中一个笔记有 10 万个点赞之外，其他前后发布的笔记都只有寥寥几十个甚至几个点赞。

从朴素的用户视角上，这种现象显得很不符合常理。这位创作者之前的笔记只有几十个点赞，但是在某个笔记突然获得了 10 万个点赞之后，人气积攒得已经足够高了。按理说这位创作者后续的笔记最起码也会有几千个点赞，再不济也该有几百个点赞。就好像一个人原来只是一个草根，突然有一天在互联网上

**图 1-1　小红书某创作者主页**

火了，后面再怎么过气，也应该是比以前更受关注的吧？那为什么只有那一篇笔记获得了较高的点赞，而前后的其他笔记点赞数均无太大变化，好像从来没有来过热榜一样呢？

这里其实有一个概念被偷换了，那就是：单篇内容火了不等于这个账号火了。这个其实跟 2022 年以后的互联网环境变化一致。过去的流量密码是：只要有一个内容火了，这个账号也就火了；而这个账号火了，也就意味着这个账号的主角火了。一个全新的网红就诞生了。

目前社会上普遍的说法是：所谓网红账号和个人，基本以内容博眼球为主。

图 1-1 的案例中，获得 10 万个点赞的笔记图片确实在内容上比较吸引眼球，这或许是它能获得较高点赞的原因之一。按照这个原理，大家仍然不能理解的是，为何即便有些内容与 10 万个点赞的内容类似，却只能获得几个点赞？所以用"内容博眼球"这个说法来指导"如何获得小红书流量"这个课题，很明显是外行的。

2022 年以后，大环境的变化导致很多平台都逐渐格式化了"内容博眼球"这种通用的流量密码。那么现在的流量密码是什么呢？内容吸引眼球就可以火，对吗？我在对比了小红书上多个内容吸引眼球的笔记内容之后，发现点赞还是只有寥寥几个，因此，这个说法并不成立。

那么内行的做法是什么呢？应该怎样才能做出流量比较好的笔记呢？

这里先说答案：内容权重＋内容垂度＋封面算法。以下是关于内容权重、内容垂度及封面算法的解释。

为了更好地理解这个答案，接下来我跟大家分析一个小红书笔记——如图 1-2 所示。

**救命啊家人们 我该不该去**

在去年三月份的时候，我做了一个梦，梦里有一个男孩对我非常好，我们谈了一场几乎创作完美的恋爱，之后马上就要醒了，他立刻和我说这个时间点到这个地方去吃牛肉面，他会在那里等我！醒了之后我久久不能忘怀，立马拿出手机的备忘录记录下了，今天再次翻看备忘录，看到了这条记录已经过去了快一年。我那个时候到底要不要去！#梦境 #怪事 #去不去

**图 1-2　小红书笔记截图 1**

通过对这个笔记的分析，大家很容易发现它与其他同类笔记不一样的特点。

### 1. 鲜明的网络语言

上述笔记中的标题有清晰的主题导向，"救命啊，家人们"这种表达法非常符合网络语言的特点——夸张。"救命啊"和"家人们"都是比较鲜明的网络语言，年轻的网民们乐见这种表达，并且很容易被这类表达所吸引。这种看起来不恰当的形容词就是年轻一代网民的"可爱文化"，尤其是在追求个性的小红书用户群体中有很强的号召力，堪比当年的"90 后"非主流杀马特家族文化。因此单从标题的句式上，这个笔记就已经具备了热门笔记的基础特征。与"救命啊，家人们"相似的网络语言还有山崩地裂的母爱、泼天的富贵、恐怖的唱功等。

这种表达在小红书上特别常见，被称为年轻人的"圈子语言"，也有媒体叫它"网络热梗"。甚至这些语言精简到"谁能懂……"的句式，也能迅速引起大量用户的注意。如图 1-3 所示，图中的标题和内容中用到"谁能懂"的字样，配上绘画过程中最后几笔的短视频，获得了高达 2.8 万个点赞。

这些都是入局小红书运营的基本功，毕竟小红书用户基本是年轻人，而且是互联网最前沿的那群年轻人，"圈子文化"和"圈子语言"的氛围自然很浓重。如果只是一板一眼地写文案，连标题都没有符合网络热梗特征的梗，会让大部分用户觉得枯燥无味，自然就容易石沉大海。

谁能懂这几笔的含金量！？

♡ 2.8万

**图 1-3　小红书笔记截图 2**

### 2. 带"#"的标签

回到图 1-2 中 2.7 万个点赞的笔记内容中，我们还发现其笔记正文结尾带有"#"的字，这就是小红书的标签。目前每个平台都会有这种话题标签，目的是形成话题式热议，而热点也往往是围绕话题展开的。小红书的话题标签更是直接关联到算法，而且标签权重很高，甚至小红书的流量分配基础就是标签。也就是说，笔记没有主动打上标签，就会失去很多推荐的流量。这个话题的标签是在发布内容的时候添加的，输入"#"或者点击"#话题"之后，输入一个关键词就能出现一系列相关的关键词，并且还附带这个话题下的流量。

### 3. 封面图片撬动用户的好奇心

综合图 1-1、图 1-2、图 1-3 三个案例，大家可以发现其共同点均为封面图片确实能引发人的好奇和猜想。这三个案例的封面图片都会有让人想点进去"看看是什么事"的冲动。没有这样能撬动用户好奇心的封面，可能这个笔记连最初的点击率指标都上不去，就更没机会获得更大的曝光率了。

为了进一步深化大家对小红书内容的理解，接下来展开讲小红书算法的具体规则以及算法执行流量分发的原理。这便是大家最关心的小红书流量分发机制。

### （二）小红书具体算法模型剖析

我们以一张图分析小红书的流量分发模型，如图 1-4 所示。这是一个内容分发模型，也是从博主在小红书平台创作内容到最终进入算法评估流程的示意图。

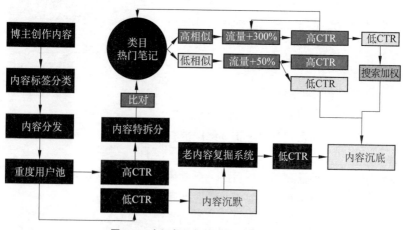

图 1-4　小红书平台内容分发模型示意图

在这张图中，起步流程设定为博主（创作者）发布了一个内容，接下来系统就会扫描这个内容并且对它进行标签分类。扫描的依据自然是上面说的"# 话题标签"，当然如果创作者没有手动打上标签，系统也会根据语段语意去识别，然后给它打上一个模糊标签。模糊标签的分发效果自然没有精准标签的好，所以建议手动打上跟内容有关的标签，标签也要尽可能全面一些、精准一些，大词和小词都要占一点。市面上有说法是标签不宜过多，以免分散算法权重。这种说法有一定的道理，但很明显未能真正理解小红书的深层算法。

### 1. 算法依据

小红书的深层算法主要依据是 CTR（click-through-rate，点击通过率）。内容在发布后会在具体类目下投放，测试 CTR 数据是否优质。只要 CTR 数据优质，除非账号已经达到较高的权重，否则标签分散的权重影响微乎其微。反过来，如果内容数据不好，那是否打标签都没有影响。因此标签可以放心打，十几个甚至二十几个都可以，只要跟主题有关就行。这个做法仅限于前期，后期每篇笔记一般只建议加3～5个标签。

### 2. 流量分发

在系统对笔记进行标签定义之后，内容就会先分发到小红书的重度用户池。这里的"重度用户"指的是每天花在浏览小红书内容上的时间非常多，具体时间界限可能是 3 小时，也可能是 5 小时，还可能是其他的时长，具体与算法想要圈定的人群数量有关。由于这是内部数据，我们无从得知，但是通过大量的案例测算，基本逻辑就是如此。

### 3. 内容匹配

系统推荐的内容均为预加载，即在用户打开程序之前，系统已经根据用户的兴趣标签的判断，准备了一份用户最有可能感兴趣的内容，然后等待用户浏览。正常来讲，用户会在浏览页面时习惯性地打开自己感兴趣的内容，并且在对内容产生认同时会进行点赞、评论、分享等互动。根据这些行为，系统按照一定的算法进一步优化推荐的内容，增加推荐喜欢的内容，减少推荐不喜欢的内容，从而增加用户的体验——这便是很多人刷短视频、刷小红书越来越上瘾的主要原因。从内容匹配的角度看 CTR，大家可以理解为：一个内容推荐给 100 人，只有两个人点进去看了，那么 CTR 就是 2%。而这 100 人亦非随便推荐的，一般都优先选择"重度用户"。这里需要说明的是：每一个类目都有一部分重度用户，推荐是按照类目分发的。

### 4. 用户体验

为什么是先分发给"重度用户"呢？很多平台都会让自己黏性比较强的用户，也就是重度用户充当"审帖员"的角色。之所以会出现这种情况，一方面是因为他们每天花那么多时间在平台上浏览内容，自然对平台的调性熟悉，由他们的喜好很容易映射到整个平台的喜好。也就是说，重度用户点击率都很低，就不用分发到普通用户那边了，以免影响整个平台的体验。另一方面重度用户每天浏览的内容基数庞大，偶尔刷到一两个不喜欢的内容，体感不会很强。而新发布的内容到底能不能让用户喜欢，系统肯定是无法确定的——这有可能错过用户喜欢的优秀内容，也可能向用户错发劣质内容。

小红书这样的 UCG 平台每天庞大的用户创作很明显不能让人工一一审核，只能让机器辅助——而机器是没有情感的，哪怕最新的大模型 AI 都没办法产生人类的情感，无法完全解读人类的喜好。由此，重度用户就充当了"体验官"的角色：在"点赞和不点赞""喜欢和不喜欢"之间，他们在无形中就影响了其所关心类目的整个内容走向。什么样的内容是用户喜欢的，什么样的内容是用户不喜欢的，就是基于用户的 CTR 判定的。

### 5. CTR 判定条件

通过用户体验部分我们很容易理解 CTR 判定的条件：当 CTR 高于平均值时，系统继续对该内容进行特征拆分——如封面图像特征标签、带"#"的话题标签、文案关键词等——这些要素会跟系统中已存在的热门笔记做比对，然后与热门笔记高类似的会获得更多推荐流量，否则只会获得少量推荐流量。

### 6. 算法的正向校对

算法的正向校对又称为热门内容特征比对，即当系统识别你的内容和热门内容存在"模仿关系"但不存在"抄袭关系"时，会被判断为"二次创作"并提升流量权重，使你的内容获得额外的流量加持。这意味着，模仿热门内容会使你的内容成为爆款的概率更高。为什么会出现算法的正向校对呢？众所周知，现在政策方面对互联网内容的监管是非常严格的，因此每一个新发的内容都存在潜在风险，而已经上了热门的内容势必经过了重重审核，因此用热门内容来比对，审核压力就小了很多。

另外，热门内容也是被众多用户验证过的"比较受欢迎"的内容，与热门内容类似的新内容更容易获得用户的喜爱，这样可以最大程度减少用户体验变差的风险。毕竟对于小红书这样的内容平台来讲，用户体验是最重要的运营指标之一，防止用户体验变差是最大的生态运营风险控制任务。

### 7. 算法的反向校对

算法反向校对即对过度模仿热门内容的笔记进行适当降权，从而为热门话题降温，为新话题和新内容提供生长土壤。从平台生态的角度看，过度鼓励"热门模仿"机制会令整个平台的创新氛围变差，因为这样会使得 UCG 方向朝着"一人火万人模仿"的方向发展并恶性循环。因此平台就必然需要推出人工审核发掘优秀的新内容机制。为什么是发掘优秀的内容，而不是发掘优秀的新创作者？因为在 UCG 的时代，一个内容的火爆并不能验证这个创作者就是优质的，只要有内容让大量用户不适，用户体验感变差，受损失的还是平台。毕竟现在平台获取一个用户的成本很高，如 2021 年社交平台 Soul 日活用户获取成本已高达 428 元 / 人，比 2020 年高了一倍以上。[①]

这也就揭示了前面那个"只有中间一篇笔记爆了 2.8 万个点赞，其他内容都是几十个点赞"的案例存在的普遍现象的原因。事实上，

---

① 装满 2300 多万 00 后青春的"树洞"，要上市了 [EB/OL]．（2023-07-05）.https://baijiahao.baidu.com/s?id=17374799696669157216&wfr=spider&for=pc.

这就是"粉丝无用论"的前身，现在公域自媒体账号的粉丝作用将会进一步弱化。

### 8. 人工干预

除系统算法对内容进行上述操作外，人工干预还会发掘大量历史内容，重新进入推流流程。这就意味着有时候几个月前发布的内容会突然大火。这就是解决上面的"创新问题"的"复筛机制"。

这些机制都是有人工干预的影子的。大家如果想要自己的小红书账号获得更大的赢面，除了要理解实时算法的原理，还要了解人工干预的条件，这样我们的"金子"就总会有"发光"的机会。当然，人工干预有利，就一定会有弊，毕竟人工干预意味着，好的会让你更好，劣质、违规内容会让你悔之晚矣，甚至被封号。因此，人工干预触发的条件往往有正向和负向两个方向。

1）人工干预的正向条件

条件 1：发掘社会热点

如何把握：学会科学蹭热点。

重点：需谨慎，蹭社会热点容易导致翻车。

条件 2：发掘网络热梗

如何把握：网感好、追梗及时、善于模仿。

重点：6 小时内跟拍、热榜榜单、风格平移。

条件 3：舆论引导需要

如何把握：敏锐察觉舆论政策形态，把握大方向舆情趋势。

2）人工干预的负向条件

条件 1：算法的流量控线

如何把握：原则上 5 万以下的曝光量由系统分配，5 万以上的曝光量由人工分类、审核后分配。

条件 2：关键词触发把控机制（所有内容）

如何把握：把控"真热门"和"假热门"，需要人工判定；规避违法违规热门，包括价值观导向。

条件3：大量用户举报

重点稽查舆情问题，规避舆情风险；系统设定外违规行为。

综合上述说法，小红书的流量分发机制才是真正的"流量密码"。以下是关于小红书流量分发机制的三大特点的概括。

（1）内容分发调度基于 CTR →同类笔记更容易上热门。

（2）热门笔记作为流量加持参照基准→用户审美趋同→审核难度降低（内），圈子化特征明显（外）。

（3）热门笔记有搜索权重加持→知识搜索归集发展→搜索引擎成长（内），SEO 机会（外）。

## （三）小红书上热门技巧

在了解了小红书算法控制下的流量分发机制后，我们要从方法论转向实际的操作。下面举几个例子，阐述小红书上热门的技巧——也就是捕获小红书的流量机制。

### 1. 封面

要想捕获小红书的流量机制，结合前面分析的算法，很明显封面是最重要的一环。通过大量的案例分析，我们发现，基本只要能够自然起号并且维持不错的流量的小红书账号，它的封面基本是一致的——样式一致、颜色一致、字体一致。通俗来讲，就是"封面长得都很像"。结合前面的流量推荐机制模型中"热门内容对比"的环节，大家很容易就能理解这个原理。

### 2. 权重

由于具体的权重指标涉及平台的商业机密，我们这里就打个比方，用脱敏数据解释一下"权重"的含义。

比如，封面主题一般清晰，权重 +2 分；封面主题非常清晰，权重 +3；封面主题不明确，权重 -1；同账号前后两篇笔记内容相似度大于 70% 小于 90%，权重 +2（垂直度要求）；同账号前后两篇笔记内容相似度大于 90%，权重 -3（防洗稿）；跟其他账号热门笔记相似度大于 50% 小于 80%，权重 +2 到 5 分（热度喜好要求）；跟其他账号前后两篇笔记内容相似度大于 80%，权重 -3（防抄袭）……

权重的总体理解就是：既要类似，又不能完全相似，这样可以保证最大程度的垂直化属性。

从产品经理视角来看流量机制的捕获，会变得非常得心应手。事实上，这一套机制就是产品的设计流程的反向拆解。如果你想跟平台要流量，又不想被平台规制或者想要走捷径，这就是方法。

而权重高的内容，在每一波推荐的时候，都能获得更优质、更大胆的流量分发，内容爆发的概率自然也就更大。

165-180男生夏季穿搭|阳光干净少年感

今天给大家分享一套超级有少年感的夏季穿搭！无论身高体重如何，都能轻松打造出阳光干净的少年感！赶快把你的日常穿搭提升到一个新的层次吧~#夏季穿搭#男生穿搭#夏季短袖#痞帅穿搭#阳光干净穿搭#少年感穿搭#一周穿搭不重样#小个子穿搭#显高穿搭#男友穿搭

04-01

说点什么...　♡ 4697　☆ 1803　💬 1822

**图 1-5　小红书笔记截图 3**

这种内容的业态就是通过小红书引流到私域进行付费课程的转化获取收益。

按照这个逻辑，大家来看一个更直观的实操案例，如图 1-5 所示，这是一个比较典型的小红书平台笔记案例截图。

（1）封面图片非常简单直白地呈现了某个潮流的男生夏季穿搭。

（2）带"#"的标签关键词也围绕"夏季穿搭"和"男生穿搭"。

（3）笔记内容非常简单，没有什么特别出彩的文案，可稍微带"阳光干净"这类辅助描述的关键词。

这类笔记是小红书内容的原始典型案例，主要依靠标题关键词、标签关键词、封面这三个要素吸引用户，达到流量提升的效果。

为了使这类笔记在获得初始流量后能够持续获得系统推流，并且能够同时提升笔记带来的商业转化率，大家需要学会利用小红书数据分析工具查看热词榜单。热词就是我们需要抓取的内容关键词。

抓取内容关键词后，可以针对数据大盘对内容进行修改调整，也可以在新内容上复刻该账号的热门内容逻辑。应该说，获取收益目标比较强的内容都是从关键词开始延展的。

热词榜单：用户最近搜索的频率飙升。

热词搜索：用户主动搜索的总体频率较高。

每周热点：最近热门的话题。

关键词分析：关联关键词和内容的比例，寻找黑马词。

## 四、发布小红书笔记的注意事项

### （一）一台手机能登录多个小红书账号吗

原则上安卓手机的"应用分身功能"可以在一台手机上出现两个小红书 App，这种情况可以一部手机登录两个账号，互不影响。如图 1-6 所示，小米、OPPO 等品牌的安卓系统手机可以通过设置应用分身开通两个小红书应用，二者均可同时使用并互不干预。

图 1-6　安卓手机安装两个小红书应用的截图

但如果是一个小红书 App 频繁切换账号，无论是主 App 还是分身 App，均会对账号造成一定的影响，最明显的影响是限流。

而如果小红书账号 A 在第一部手机上被封号，此时继续在这部手机上登录小红书账号 B，那么账号 B 也可能被限流。

### （二）小红书笔记可以修改吗

小红书笔记可以修改，但不能频繁修改。尤其是带 "#" 的标签，一定不能改，一旦修改就会造成算法推送混乱，甚至直接被踢出收录池。要知道小红书笔记发布后，只有 60% 会被收录，被收录的搜索标题就可以搜索到的笔记，也会获得更多的系统推流。不被收录的搜索标题不能获得系统推流，只能通过分享的链接进入，这个方法能获得的流量是极少的。

### （三）删除笔记会影响账号吗

删除热门笔记会对账号造成极大的影响，一般不建议删除。但是阅读量较低、风格跟总体不协调、不垂直的内容可以删除，这种笔记删除不会影响账号。

### （四）评论区回复带天猫链接违规吗

这已经属于明显的站外引流，不管有意无意，一旦被系统检测到，笔记会被系统删除或者封禁，甚至账号会被限流和处罚。

### （五）我的笔记发布 1 小时只有几个阅读数，怎么回事

这种情况大概率是被限流了，哪怕是新号，正常笔记都不会这么少的阅读数。限流的原因主要有两种：一种是内容质量较差；另一种是内容违规，包括广告违规等行为。

### （六）网上说的小红书账号要"养号"、新号定位要清晰，是不是真的

小红书养号没有意义，所谓养号只是一个说辞。新号的定位是肯

定要做的，但如果你使用的是快捷起号的方式，可以考虑先做热门内容，不一定最开始就垂直在一个领域。新号起号阶段应当以"快速获得更多流量"为主要目标，因为新号如果能快速获得更多流量，其账号权重也能快速提升，账号也能加快收益获取的进度。

## 第二节　小红书的实操案例：0 基础 5 天 1000 万阅读

我在小红书上有非常多的实操案例，除了本人亲自操盘的项目，还有一些我的粉丝根据我的干货文章实操的案例。其中一些非常聪明的粉丝在我简单点拨之后，往往能拿到不错的结果。

比如"0 基础 5 天 1000 万阅读量"就是 2023 年我身边的一个粉丝案例。2023 年 11 月，一位粉丝给我留言，说他按照我说的方法拿到了 1000 万的阅读量，如图 1-7 所示。

 29 分钟前

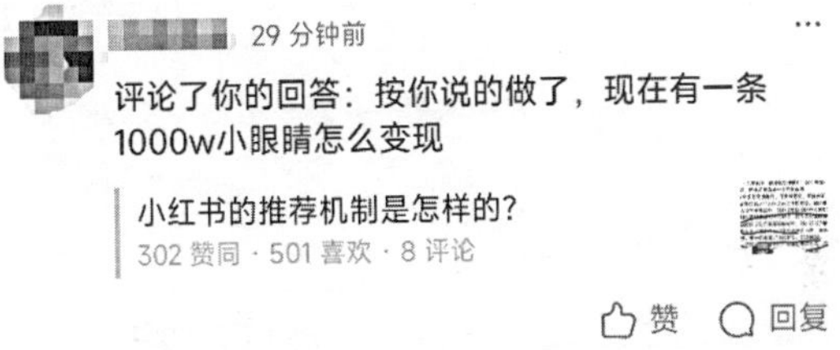

评论了你的回答：按你说的做了，现在有一条
1000w小眼睛怎么变现

小红书的推荐机制是怎样的？
302 赞同 · 501 喜欢 · 8 评论

👍 赞　　○ 回复

图 1-7　田子曾[①] 的粉丝评论后台截图

2023 年 6 月，一位做品牌策划的粉丝就跟我说了他们当前的业务模式和困境，并且此前他通过学习我分享的文章，第一条就可以做到 1.5 万的观看、1600 个互动，相关咨询如图 1-8 所示。

针对后续的运营，他继续向我咨询解决方案。随后我与他进行联系并对其项目做出了指导。他采用我给他的建议逐步用 AI 复制他已经探明的小红书运营策略，果然迅速拿到了成果。

还有一位粉丝，他并不懂小红书运营，也没有做过小红书运营，

---

① 作者的笔名。

直接用 AI 帮自己生成小红书的内容，5 天内从 0 起步做到 30 万阅读量（这里的"破 30"就是突破 30 万播放量的意思），粉丝咨询页面截图如图 1-9 所示。我给他提供的也是比较简单的起号策略，这个策略的核心就是"算法框架"。

的提问

田老师您好，我这边是品牌策划创业公司，因为业务下滑严重，近期在转型主攻小红书。目前我们有两个方向：
1. 做个人商业IP，继续推品牌策划、设计等我们原本的产品，把小红书当成一个营销渠道。
2. 做小红书店铺卖货，在家居装饰、家居香氛、生活方式集合店这个方向上选品直接卖货，做店群。
我个人倾向于第二种，我们的优势是团队有文案和设计，对内容和美学有一定把控，近几年经常服务电商客户，短板是没有电商实操经验，对小红书了解较浅。昨天看过您的关于10个手机号的内容，按照指导去起号，第一条做出1万5的观看，互动1600。
以上，您建议走哪个方向？如果是开店的话，您是否看好家居装饰，比如香薰蜡烛、线香这个类目？

06-29 11:52

**图 1-8　田子曾的知乎账号——粉丝咨询页面截图 1**

咨询者：　　　　　　06-13 10:49

你好，昨晚一个账号破30了。我想问一下现在我算不算起号成功了呢？多久可以上视频了呢？还有我现在在选品方面遇到了瓶颈。有什么好的方法吗？或者有什么好的软件可以辅助呢？

**图 1-9　田子曾的知乎账号——粉丝咨询页面截图 2**

以上这些案例可以传递两个信号。

（1）小红书起步其实非常容易，只要按照我的方法去实操，就能迅速拿到结果。

（2）哪怕不懂小红书运营的基础，也可以通过 AI 的协助快速起步。

当然，使用 AI 做小红书只是一种手段，而不是我们的目的，因此我们还是要脚踏实地地从各种案例和方法论上去还原我们的实操路径，进而快速起爆，然后再通过筛选流量等动作逐步找到适合小红书业态的运营方式。

同时，每个人对内容的理解都不一样，每个行业对小红书的需求也不尽相同，所以本书只是尽可能多地从不同视角去阐述小红书的运营逻辑，同时给出一系列的通用模板，秉承"先出发再修正"的自媒体逻辑，逐步把小红书修正到商业获取收益的轨道。

这与大家常见的"先积累粉丝再获取收益"的说法截然不同，也是我在多年自媒体行业的耕耘中得出的切身感受。而现在这种感受正演化成一种全新的运营思路，并且这些思路正在被更多人所验证。

## 一、小红书的优质笔记案例剖析

下面我们就来看一些更加具体的优质笔记案例分析，先感受一下它们是怎么做到 0 粉丝 0 基础快速起号，并达到 1 万以上阅读量的。以下案例抓取自小红书官方示范，文字已做模糊处理，建议以图片作为主要参考。

### （一）产品展示型笔记

如图 1-10 所示，这种看起来像广告但其实是"种草"的笔记，这两年正在受到用户的广泛青睐。与之前"不要 999，不要 888，只要 299"的硬广不同的是，种草的广告更强调"我"的个人体验，并且更多的是从自身体验场景中切入，而硬广则是更关注价格、强调效果。

同样是直接介绍产品，从市场反馈的数据上来看，最近几年种草的广告正越来越受到用户的认可和青睐。

图 1-10 小红书笔记截图 4

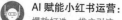
## （二）科普型笔记

讲真的，不建议男生长期做这6种工作！！

♡ 825

图 1-11　小红书笔记截图 5

0-12个月宝宝发育进程‼附早教训练 新手爸妈对0-1岁…

♡ 660

图 1-12　小红书笔记截图 6

在小红书上，科普内容封面中带有"√"和"×"这种标识的，往往比较容易上热度。

另外，很多同类笔记也会用红色圆圈随意圈出重点，这种也很容易聚焦用户的注意力，从而提升 CTR，获得更好的数据。如图 1-11 所示，笔记封面图片中"越做越穷"四个字被红圈圈起，表示强调，这更能引起用户的注意。经我多次测试验证，封面图片带有这种红圈圈出重点的笔记，其总体数据比同类不带红色圈圈出重点的笔记好不少。

还有一些漫画图案的表达，其重点就是列举元素，会让部分用户产生好奇心，强迫自己点进去看一下是哪些要素。如图 1-12 所示，通过漫画表现封面主题并加强内容表现，能让用户更快、更深刻地理解笔记所传达的含义。经过我多次测试验证，封面图片以这种漫画辅助表现主题的笔记，综合 CTR 数据远超同类内容下其他类型的封面图片效果好。

这种做法虽然浮于表面，但是确实切中了算法的基本逻辑，因此能火的笔记特征基本是统一的，而那些"坐冷板凳"的笔记，封面都非常"随意"。

## （三）直白营销型笔记

如图 1-13 中小红书商家课堂列出的示范案例，这里主要列举的是"618 大促买什么"的案例。此外还有"双十一必买榜单"等也属于此类。某平台其实也搞过类似的"必买榜单"，但我认为其运营可能有些东施效颦了，因为其并不能理解这种利用节日促销做种草的本质和视角。同样是蹭节日的热点，标题"请查收你的 618 购物清单"给人感觉就很像商家的广告，而"618 的鱼油榜单，你买的上榜了没"就

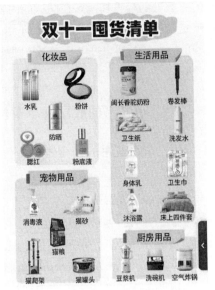

图 1-13　小红书笔记截图 7

更像一个科普博主将鱼油做了分类，并且介绍了哪个好、哪个不好，直接帮做了消费调查，让你避坑。

相比之下，在用户的普遍心智中，惯性地认为"商家就是坑"，只要让用户把这个笔记跟"商家广告"画等号，就会被用户的潜意识打上"黑心商家"的标签，可能最基本的 CTR 数据都上不去，更别说运营小红书获得好的数据了。

所以我们经常看到一些运营发布的"必买榜单"的活动，其实都犯了这个错误。要记住：照本宣科是做不好运营的，一定要理解运营的底层逻辑，从用户的视角看问题，才能真正做好内容，也才能通过内容获得运营的效益。

## （四）真人出镜型笔记

美的事物永远是稀缺的，真人出镜实际上就是在自信地表达美，露脸的流量是真的很大。在算法中也有人脸识别的环节，识别到人脸

的有额外的权重加成。在同样的内容样式下，真人露脸的内容获得的流量曝光肯定比没有真人露脸的大。至于有些朋友顾虑自己不愿意露脸的问题，其实也可以从本书找到解决方案——用 AI 生成和模拟真人露脸。

## 二、小红书的底层种草逻辑

### （一）小红书的内容逻辑

如果运营的是企业小红书，需要面对的起号问题其实是非常多的：要掌握商业化途径，要能够快速将小红书运营结合到业务中，要做能够复制的账号以便放大运营成果，等等，最起码要知道小红书怎样才能快速起号。尤其是很多中小企业的小红书运营，如果该企业的小红书运营岗位只有一人，就千万不要看网上那些流水账般的运营方法了。

市面上大部分标准化小红书运营方法都需要一个周期。如果运营的是个人小红书账号，运营者可以积累半年，或者一年，一时没结果，问题也不大。

但是为公司运营账号，原则上三个月就必须出结果。

那么，小红书怎么能够快速起号呢？

网上有很多关于小红书起号的文章，但是很多朋友反映这些文章自己看不懂，为什么？

我也看过很多关于小红书起号的文章，基本是《拆解 ×× 小红书半年赚 100 万元的方法》，这些都有一定的主观性和夸张性，且很多并未涉及问题的本质层面。一定要记住：分享赚取收益的方法，是分享自己试过确实能赚取收益的经验浓缩的方法论，而不是道听途说他人赚钱了，自己盲目跟风就能赚钱。所谓方法，即实践经验浓缩成方法论后仍然能还原到实践中，并且能在实践中为我们带来收益。

所以我更倾向于站在一个普通人的视角，将真正成功起号的项目案例做拆解并形成方法论——这些项目都是我亲自做了并且做出过成绩的。

以下是我总结的一些小红书运营逻辑的方法论。

### 1. 小红书常规的通用型种草架构

小红书通用型种草逻辑适用于各类人群和各个行业，图 1-14 列举了小红书通用种草逻辑，包括生活场景代入、拆分问题并解决、升华内容及回顾总结强化产品。

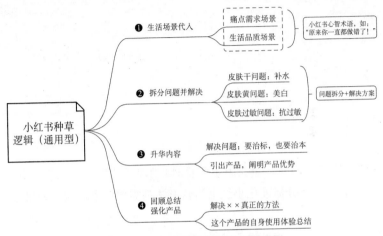

图 1-14 小红书通用种草逻辑思维导图

这种通用型的种草逻辑适用于比较稳扎稳打的打法，这种打法很难有大爆点，但是效果也不会特别差，总的来讲，就是中规中矩。

通用种草的核心就是"拆解问题"。比如要买一款洗面奶，可以把问题的痛点拆解成"皮肤干问题，解决方案是要补水""皮肤黄问题，解决方案是要美白""皮肤过敏问题，解决方案是要抗过敏"，这些就是用户认为的"有价值"的干货。

只要某账号有价值，用户就会产生点赞、收藏、关注、评论等意愿，只要用户产生了这些动作，系统就会将这类用户标注为"可能感兴趣的用户"。后续该账号发布的内容将优先推送给这些用户，该账号的种草内容就能持续在精准人群中拓展。

### 2. 小红书的"圈子语言"架构

圈子语言，顾名思义，就是小红书平台的主流用户圈子比较流行的表达方式和文案风格。比如"家人们谁懂啊""就离谱！""不会吧"等类似于口头禅的表述。但对于圈子语言不能看表面，应深入语言表达＋种草目的的角度，剖析其笔记值得借鉴之处。如图 1-15 所示，小红书的圈子型种草逻辑主要分为列举型、痛点型、数据型、定义型及自爆型五种架构。

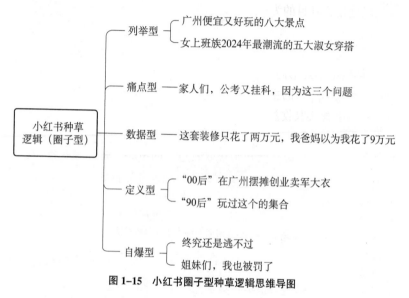

**图 1-15　小红书圈子型种草逻辑思维导图**

圈子型的种草逻辑中，有很多是创作者纯粹的吐槽。即便是吐槽的内容，也能获得不少的流量，这种流量并非商业流量，因此难以产生商业价值，亦难以用于商业获取收益。而本书分享的案例和运营技巧全都是跟商业种草有关，我们提到的小红书笔记涨粉和流量提升的案例背后都有一定的商业目的。因此关于创作者吐槽型的内容，本书并不会涉及。本书关于商业型小红书笔记内容的分析主要包括以下五点。

（1）列举型。例如标题"广州便宜又好玩的八大景点"，其目的为景点种草，旅游博主可植入景点广告。

（2）痛点型。例如标题"家人们，公考又挂科，因为这三个问题"，其目的为输出公考自身的痛点，可以植入公考培训广告。

（3）数据型。例如标题"这套装修只花了两万元，我爸妈以为我花了9万元"，其目的是分享自身的装修省钱攻略，可以种草装修方案。

（4）定义型。例如标题为"'00后'在广州摆摊创业卖军大衣"，其目的为切入摆摊或者军大衣的热点，可以做批发军大衣或者摆摊的攻略。

（5）自爆型。例如标题为"我也被罚了"，对应的封面图片为营业执照没注销，其目的为种草营业执照注销业务并最终引导私信引流成交。该逻辑即商业种草。

不少创作者喜欢宣称其运营小红书纯粹是在"分享生活"，并认为"先无偿输出小红书内容，积累粉丝才是正确的运营策略"。但我认为这并非小红书运营的主流目的。我认为，主流小红书账号的运营都应该紧紧围绕着获取收益进行，这才是小红书运营的主流目的。一些用户会认为商业化目的太明显，会显得太功利，内容会被限流。实际上，我之所以提出"0粉丝就开始获取收益"的策略，是因为我身边已经有不少学员证实，这种运营策略更适合绝大部分普通个人和企业——毕竟长期没有正向反馈，纯粹"为爱发电"的创作，是很难坚持下去的。况且很多人做自媒体，就算积累了十几万粉丝，也不知道怎么去主动获取收益，只能被动等着商家找上门合作，这样获取收益的效率实际上是极低的。

## （二）小红书流量的逻辑

小红书的流量逻辑，其实就是小红书平台本身的算法规则，而运用平台本身的算法规则去获取流量在实际工作中的体现为"快速抓取流量"。

比如多点位获取流量，是小红书平台运营中一个重要的获取流量方法。具体操作为新注册子账号，俗称"小号"。

通过大量的小号做不同方向的图文内容创作，能通过不同内容维度和不同用户人群获得不同类型的流量。新账号注册后，需要快速搭建流量体系，获得系统稳定的推流，应该怎么做呢？有一个很简便的方法，就是通过"蹭热点"快速获得基础流量，获得基础流量之后，再进入常规的运营。但是小号进入常规运营之后，就马上进入获取收益的环节了，这与很多人理解的"慢慢积累粉丝和权重"这种账号运营的方法完全不一样。因此，我们可以理解为：小号是验证某种获取流量的"捷径"，这种"捷径"是通过跟随热门内容框架创作而实现的。小号起号成功后，再根据公司的产品去做种草，同时结合行业深化输出的内容，就能快速实现小红书的从 0 到 1 的运营起步。

小红书新注册的小号在初期发布的内容均为图文笔记，是因为图文笔记本身的结构在小红书算法上更有利于账号初期获取基础流量，也就是大家常说的"起号"。但是在账号运营的成熟阶段，即账号后期，几乎所有账号都会转型去做视频内容，因为视频内容更有利于获取收益。

总结就是：账号运营前期的主要目标是"获取基础流量"，因此以发布图文笔记内容为佳，而账号运营后期的主要目标是"获取收益"，因此以发布视频笔记内容为佳，这是两个阶段的内容创作风向。因此，在账号流量达到一定程度之后，就必须转型去做视频笔记了，因为视频笔记在小红书平台的流量上限远高于图文笔记，且视频笔记的商品带货或种草转化率更高。这一策略的底层逻辑为小红书与抖音这类短视频平台的用户争夺措施。

在小红书进入常规运营阶段后，其主要的运营方向则转为"积累铁粉"。

账号粉丝和账号铁粉并非同一概念。账号粉丝指的是通过各种渠道和场景关注了该账号的用户，这些关注了该账号的用户中，有一部分参与了与该账号的某个或者多个内容的深度互动，这部分用户同时是该账号的铁粉。这也就意味着，账号的粉丝并不等于铁粉，因此账号积累的粉丝多寡与账号权重并无明显联系。这就在一定程度上解释了，为什么拥有大量粉丝的账号并不一定能获得大量的内容阅读量。同时，粉丝作用的弱化和铁粉机制的强化也杜绝了违规"买粉丝买关注"的违规行为的猖獗。

"铁粉"是指跟账号内容互动性比较强的用户，不局限于关注账号的粉丝。假设某篇笔记的 1 万阅读量分别由 1 万个不同的小红书用户贡献，且这 1 万个用户均在该笔记上有点赞、收藏、评论等深度互动，那么就可以认为该账号获得了 1 万个铁粉。例如运营 A 发布了一条笔记，这条笔记分发给100人，其中40人点进去阅读，或者点赞评论了该笔记。下次该笔记所在的账号再发布新的内容，上次参与阅读或者点赞评论的40人都有机会再收到笔记推荐，这就是"铁粉机制"。一般来讲，账号累积的铁粉越多，账号权重越高。

从铁粉的视角很容易总结一个规律：许多爆款内容所属的账号，在前期基本有大量的铁粉积累。大部分爆款都不是"突然火的"，而是有了基础权重之后才有机会触达更多用户，刚好某篇内容在适当的人群里获得了较高比例的互动，于是就能进一步获得更大的流量推荐，最终成为热门爆款内容。

## 三、小红书营销生态新认知：AI+私域引流+公域获取收益

2023年OpenAI引爆了AI大模型的应用风口，国内也纷纷跟进斥巨资开发。相比于前几年"儿童玩具"一般的应答式AI，现在以GPT3.5以上版本为代表的大模型是真正做到了"有思考力，有执行力"。

### （一）AI是怎样赋能小红书运营的

用AI赋能小红书运营，实际上就是借助AI更高效地产出小红书内容。这个内容包括图片、文案和短视频。一般AI赋能小红书的落地流程是：先用AI生成内容，再由人工检查并润色后发布。因为目前AI只能用于辅助小红书运营，一些发布工作和修饰工作还是要由人工来完成的，因此只能算"AI辅助半自动运营"。

目前市场上常用的小红书AI工具主要是月之暗面的Kimi和百度的文心一言。两个工具各有优缺点，Kimi主要的能力是处理中文长文本，而文心一言则更加倾向于多语言文本的处理，以及图像和文字的生成。在小红书商业文案的创作和应用上，文心一言更具有针对性，而Kimi则更倾向于种草文案和描述性文案。

目前AI文案创作在小红书上有两个应用方向：一是直接生成文本

用于小红书文案发布；二是生成文本内容后作为短视频脚本使用。

　　百度 AI 文心一言功能页截图如图 1-16 所示，该工具有专门的小红书文案创作细分工具。

图 1-16　百度 AI 文心一言功能页截图

　　百度 AI 文心一言这种专门的小红书文案创作工具无疑迎合了互联网上广泛的"傻瓜式操作"的需求，虽然这个功能还在逐步完善，但是聊胜于无。这里需要强调的是，文心一言的功能并不能完全承担小红书自动化运营的任务，毕竟文心一言等于 AI，但是 AI 不等于文心一言。如果想在小红书上实现 AI 辅助的半自动化运营，那么首先要考虑的要素就是文案和图片。

　　目前 Kimi 尚无法生成图片，只能生成文字和代码，图片则要借助一些其他工具生成。而百度 AI 文心一言虽然长文案处理和长篇创作能力大部分时候不及 Kimi 那么强大，但文心一言可以生成图片。图 1-17 为百度 AI 文心一言使用页面截图。

扫描二维码查看其他 AI 作图工具的介绍。

　　事实上，如果是新手，文心一言作图 + 写文案是勉强够用的。想要极佳的运营体验，或者想在小红书运营上取得不错的结果，还是要考虑用 Kimi 生成文案，并在其他作图工具上制作配图。

图 1-17　百度 AI 文心一言使用页面截图

## （二）小红书运营 AI 时代新框架体系

### 1. AI 如何切入小红书运营逻辑

小红书的运营逻辑其实就是针对算法逻辑制定的一种解决方案，不管是哪个行业，逻辑上都是大同小异的。

但是我们在长期的实践中开始留意到，其实小红书平台的纯手动运营和小红书平台的 AI 辅助半自动运营的框架体系是不尽相同的。为了更好地理解 AI+ 小红书的玩法，我们需要对小红书运营 AI 时代新框架体系进行专门的说明。

顾名思义，"小红书运营 AI 时代新框架体系（以下称为小红书运营 2.0）"是相对于"小红书运营传统时代框架体系（以下称为小红书运营 1.0）"而言的。从字面上讲，小红书运营 1.0 就是更多地去研究算法机制，然后人工还原这些方法论，并逐步探索小红书在某个行业的流量密码。

这种做法有以下两个很明显的劣势。

（1）纯人工运营小红书的传统做法效率比较低，甚至内容逻辑更新的速度都跟不上小红书自身算法迭代和互联网热梗更新的速度。

（2）小红书运营领域人才目前在市面上还是比较匮乏的，目前很多小红书运营者都是"半路出家"，缺乏理论指导和实践经验，很多失败的经验也不能让他们形成一个完整的商业闭环认知。这个成长周期对于个人或者企业来讲，试错成本和失败风险都是极高的。但是如果可以用 AI 学习具体的运营策略，并且直接借助 AI 快速起步，在成果明显和数据样本充足的情况下，运营人员就能很容易地找到小红书的运营方向，并且在这个基础上总结和迭代。

## 2. 小红书平台算法如何适应 AI 的框架

小红书算法的核心就是"动态变化"，可能 1 个内容逻辑就会演化出 10 种架构方向，每天都会更新，而这 10 种架构里只有一两种是能获得流量推荐的。那么如果想要有必胜的把握，就要在 1 天之内做至少 10 篇内容，每篇内容对应一种架构，才能"围拢"算法，拿捏算法，捕获算法。如果是人工来做，可能需要数十人的精英团队，还必须都是小红书运营经验非常丰富的团队成员才能实现。而如果使用 AI 来实现，可能一个入门级的小红书运营就能实现，因为核心的技术部分都可以交给 AI，人工只用于把控和审查。

那种做了内容又不能踩中算法的，我们叫作"算法逃逸"，其本质还是做的内容太少了、内容的架构类别太少了，而算法的动态变化又太快了，比动态密码的更新还快。

算法是一个平台的最高机密，涉及用户运营的核心秘密，也是平台的根基，所以算法永远不可能是一个确定数，只能是一个逻辑——一个不断变化的算法逻辑。要想抓住这种逻辑，就要求我们内容的基数足够大，以便"以不变应万变"。

## 3. 小红书的内容运营规划如何适应 AI 框架

既然小红书运营 2.0 的框架是基于系统化的 AI 运用作为基础的，那么相比于小红书运营 1.0 的框架，大家在小红书的内容规划、内容制作、商业路径等方面，就也会有相应的变化。

小红书运营 1.0 的框架，我们这里不做过多介绍，但是从朴素的理解上，我们大致可以知道：市面上那些多如牛毛的小红书运营方法论，尤其是没有考虑到 AI 系统化植入的运营方法论，基本就是传统的小红书运营框架，也就是我们说的小红书运营 1.0 的框架。

综上所述，我们可以做一个对比。

（1）小红书运营1.0的特点是：更关注内容本身，崇尚用人力开拓流量阵地。

（2）小红书运营2.0的特点是：更关注算法本身，崇尚用规则占领流量阵地。

从我的经验和市场、时代的实际要求出发，算法很明显更符合新的运营要求，也就是现在大家做小红书运营，应该是逐步摒弃1.0时代的做法，进而逐渐更新到2.0时代的观念。

## （三）小红书的私域引流和公域获取收益

过去小红书私域引流的概念基本都是指从小红书引流到微信私域，其本质还是微信私域的运营。即便实际上小红书也有自己的私信和群聊功能，且小红书的私信和群聊功能准确来讲也可以叫作私域，而且是在小红书平台上的私域。但是由于早期微商时代的影响，用户和创作者都更习惯于在微信私域进行沟通，很多营销决策也都是在微信私域形成的。

### 1. 小红书私域引流的发展和形成性问题

在相当长的一段时间内，大家都将小红书当作一个引流工具使用。既然是引流工具，那么肯定会遇到两个问题：一是账号运营深度不足，只是浮于表面，以吸引用户和引导用户添加微信为目标；二是平台的基本规定中并不允许引流到微信私域，因此有不少账号会因违规被封。这两个问题限制了小红书健康的生态发展，也无法放大小红书可带来的实际价值。但这个现象至少侧面体现了一点，即小红书的私域引流效果比其他新媒体平台好。

那么，为什么小红书的私域引流效果比较好呢？这是因为小红书的算法是垂直的，平台上的内容将优先向同一属性的人群推送，因此垂直的内容很容易触达垂直的人群。

### 2. 小红书私域引流发展的背景

从理论上讲，垂直的人群在公域转化应该更加有效，但为什么那么多创作者会采用从小红书引流到微信私域去成交的方法呢？其实主要原因还是小红书平台诞生初期，公域获取收益的概念还不够强，小红书的主要流量还是分配给了自营的电商账号，并没有大张旗鼓地开搞公域获取收益。从 2022 年开始，小红书逐渐有一部分用户在探索公域获取收益。随后，小红书公域获取收益的概念越来越清晰，开始朝着社区电商的方向发展。2023 年 12 月，在"极客公园创新大会 2024"上，小红书 COO 公开表态，五年前自己还非常坚定地表态：小红书不做电商。"那时候，我是站在社区的视角，但现在，我开始负责电商业务了。"① 从那时起，小红书的电商板块开始起飞。

2024 年年初，以 AI 矩阵化运营小红书私域＋半自动人工化运营小红书公域的组合格局开始出现。

一部分创作者仍然坚持在小红书上引流到微信私域——即便这会给账号运营带来极大的风险，但引流带来的商业效益仍然使得这部分创作者继续坚持在这条路上走下去。实际上，小红书也意识到"堵不如疏"，所以在蒲公英、聚光平台等商业营销平台上，平台也允许创作者通过付费广告的形式引导用户在小红书私信沟通，部分用户在留下联系方式后仍会被引导到微信私域，但这样最起码是在平台监管之下进行的，而且也给平台带来了收益。

另一部分创作者则开始探索转型公域的获取收益模式，包括在小红书平台开通店铺并且进行直播带货。公域获取收益的内容创作更加偏向商业笔记的逻辑，而现有的 AI 并不能很好地完成商业笔记的撰写，因为部分还是由人工完成，只是部分涉及账号基础维护、日常专业号矩阵内容的编写等工作会交由 AI 完成。这就形成了刚刚所说的"半自动人工化运营"的格局。

### 3. 小红书内容创作发展的 AI 方向

当前小红书平台整体在发展，AI 也同步在发展，因此在不久的将来，跟小红书有关的运营会更多地交由 AI 完成。在此之前，AI 需要

---

① 李昆昆，李正豪. 小红书辟谣上市，发力社区电商 [EB/OL]. （2024-01-13）. https://finance.eastmoney.com/a/202401132961156987.html.

更多的训练，以完成其对小红书的架构体系、圈子语言风格、种草逻辑等综合数据的理解和学习。

目前 AI 已经可以实现的小红书创作功能如下。

（1）爆款标题生成。

（2）通用笔记正文内容生成。

（3）穿搭笔记内容生成。

（4）景点打卡文案生成。

（5）商品推荐文案（硬广种草）生成。

（6）美食探店文案生成。

（7）护肤心得文案生成。

（8）母婴经验文案生成。

（9）美妆文案生成。

此外，小红书本身的风格有很强的特色，大家在生成文案之前，应该尽可能训练和调试 AI 去适应小红书的文案风格。小红书的文案风格也分为原生文案和商业文案。原生文案即在社区生态下，不带有商业性质的文案，其特点是：内容简单、表达清晰、语言鲜活有趣，并且经常会有创作者喜欢在文案中带有表情包。而商业广告就明显融入了种草的逻辑，其特点是：注重场景体验描述、推荐语气直接且俏皮、语言客观且中立。不同于传统商业广告的"尬吹"逻辑，小红书的商业文案更加注重感受，这也是 18 ～ 35 岁的女性群体的通用性格特征。这样的文案让用户更容易接受，因此"种草"的概念才从小红书兴起，进而在数年内迅速扩散到各大平台。

### 4. 小红书图片制作的 AI 方向发展

小红书平台的图片总体风格还是偏向"美感"，很多成功种草的笔记与其说"文案写得好"，不如说因"图片很美"吸引了用户。在这一点上，直到 2024 年，主流的 AI 还是难以追赶的，因此 AI 生成的图片大部分用于小红书的非商业素材，主要商业图文仍由人工制作。

大家可以看到，现在在小红书平台上已经出现不少 AI 生成的图片，且均有不错的点赞数。如图 1-18 所示，两篇 AI 生成的图片文章

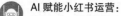

在发布三个月内，已经获得了高达一万甚至两万的点赞，预估阅读数达到上千万。

图 1–18　小红书笔记截图 8

但正如我们刚刚所述，这些 AI 生成的图片在小红书平台上虽然流量很大，但是商业价值并不高，且难以形成完整的商业转化链条。其主要原因就是用户能被商业转化的思维习惯仍然以实拍图片为主，而哪怕是精确度最高的 AI 生成的图片也能被大部分用户一眼识别为非实拍。也就是说，这类图片效果往往比较惊艳，并且带有一定的娱乐性，会引发用户的围观，但如果用于商业化广告，用户恐怕不会为此买单。因此，AI 图片在小红书商业化的运用，还有相当长的路要走。

# 小红书 +AI 的高效起号

利用 AI 进行小红书的高效起号，是一种高效的运营策略。人工运营小红书需要学习和研究小红书的规则，而且需要花费大量的时间和精力去创作。通过 AI 创作小红书不仅可以节省时间提升效率，而且不需要研究规则，哪怕是不懂小红书内容创作的运营，也能做好小红书账号。本章主要以 AI 在小红书新号中所起的作用为主要背景讲解。

## 第一节　AI 辅助小红书高效建立矩阵

运营小红书的时候，首先考虑的是运营的商业目的——要知道，大家使用 AI 是围绕着实现商业目的展开的。

其次，如果大家只是想着"追 AI 的风口"，而没有想好 AI 真正的商业应用目的，我们的意图最多只是"用 AI 提升一下工作效率"。诚然，AI 是可以提升工作效率的，但那只是手段，不是目的。

最后，使用 AI 辅助建立小红书矩阵并不能完全释放人力，而是需要更加资深的运营进行管控才能发挥其真正的威力。若只是个人分享生活，并不需要使用 AI 辅助创作。因此使用 AI 辅助建立小红书矩阵一定是围绕商业意图的，比如获取收益、品牌宣传等。

# 一、AI 工具的应用场景

AI 并非部分人想象的那般智能，驾驭好 AI 需要系统化学习其控制指令，才能精准获取自己想要的结果。哪怕是运营要求极低的个人自媒体，也无法接受没有经过训练的 AI。不能只是说"用 AI 帮我写一段小红书文案"就可以驾驭好 AI，因为 AI 可以帮我们写文案，但很有可能不是我们想要的文案，也不是热门算法需要的文案，而仅仅是一段完成任务的文案，这其实是没有意义的。

这就要求我们从应用场景的角度看 AI 工具的使用。

## （一）场景 1：刚转行的运营如何做小红书

某公司的小红书运营是刚刚从抖音运营转岗的，此前他对小红书内容应该怎么写、小红书账号应该怎么运营、怎样才能获得推荐流量、怎样才能让自己的内容上热门这些问题一概不知。

AI 解决方案：直接找到自己的领域的小红书热门笔记，然后发给 AI 学习，训练 AI 模仿一个。这个大方向定了，接下来就是怎么找热门笔记、怎么训练 AI、怎么发指令让 AI 仿写等细节问题了。

## （二）场景 2：新手自媒体博主如何做小红书

某博主 35 岁遇到职场危机，干脆辞职运营小红书，但是做了三个月好不容易攒够了 300 粉丝，准备获取收益，打算引流粉丝到微信上推销课程。这位博主很厉害，自己摸索着就做了一篇引流爆文，有几十个人在小红书私信上咨询，他就想着引流这些人到微信上慢慢聊，毕竟小红书私信沟通慢、回复率低，还容易被屏蔽，不利于沟通，于是他把微信号分别通过小红书私信发给了这些咨询者。按理说，一般自媒体的私信场景都不会像公域管理那么严格，没想到第二天这位博主辛辛苦苦做的账号还是被封了，永久封禁，理由是违规引流。至此无解。

AI 解决方案：可以通过 AI 接管小红书私信，通过解决用户的实际问题避免强营销化，如此更符合平台的生态治理要求，即可降低封号影响和封号概率。事实上，要想在小红书上引流，完全避免封号是不可能的，但是可以最大程度地降低封号的影响，而要降低封号的影响，最直接的做法就是遵守平台生态治理规则，通过私信解决用户的实际需求，而不是通过大量的广告堆砌和硬广输送影响用户的体验感。平台封号最大的原因是广告信息污染，而泛滥的硬广私信和站外引流均属于广告信息污染，不仅会对平台用户的信息安全造成威胁，也可能会严重影响用户体验。之所以出现这种情况，根本原因就是完全由人工对接小红书私信需求，可能会导致运营人员花费大量精力回复用户的重复问题，还有可能因为人工对接时急于求成导致与用户的聊天过于功利化，且由于人工回复不及时也会造成用户的流失。而 AI 则可以完美解决人工接管私信时回复不专业、回复没耐心、回复不及时等问题。

### （三）场景 3：工作两年的运营如何做小红书

某小红书创作者有两年的相关经验，过去他是做女装的分享，而且都是通过小红书带货的方式直接获取收益的。现在他来到一家新的公司，新公司是做装修的，要求通过小红书引流到私域再定制成交。那么他之前的运营经验就等同于无效，因为他要重新探索出一套全新的小红书运营业态，并且要有一套能够适应新的运营逻辑的内容体系。

AI 解决方案：事实上，任何工作经验都是基础而已，要是换了一个工作环境，之前的经验大部分是要推翻重来的。因此遇到这种情况，其实我们反而可以向 AI 学习，就是利用 AI 给自己提供一些创作思路。当然这个"跟 AI 学习"并不是傻乎乎地问 AI 怎么运营小红书，因为这样得到的基本是千篇一律的废话回复，无法解决真正的问题。只需要在具体的问题、具体的节点描述上总结，用 AI 能够理解的语言跟 AI 正常沟通，就可以快速获得可供参考的行业专业知识，以及能够利用这些专业知识快速应用到新的项目的一些技巧和策略——毕竟 AI 是向全网学习，跟 AI 学习相当于是学习全网的精华，而这个精华 AI 就可以帮提炼。在这个大方向定了之后，接下来就只剩"怎样精准给 AI 发送问题""怎样避免 AI 提供千篇一律的无用话术"等细节问题了。

## （四）场景 4：初创运营团队如何做小红书

某小红书运营经理入职一家小公司，手下只有 1 名小红书运营专员，公司给的任务是 3 个月内涨粉 1 万。他们已经花了 1 个月时间发布了 65 条笔记却只涨粉 200 多，平均每个笔记涨粉 4 个，按照这个趋势下去，想要完成 3 个月内涨粉 1 万的目标很难。

AI 解决方案：按照我们前面几个小节的分享，其实涨粉问题已经可以忽略了，毕竟现在稍微跟得上新媒体变化的运营人都知道，粉丝数量的多少对运营结果影响已经很小了。当然这里指的是 1 万粉丝以下的账号，因为这个级别的账号流量是算法分发优先的，粉丝流量占比几乎可以忽略不计。但是 AI 的解决方案很明显是不会在源头策略上改变的，因为 AI 是执行而不是指导。这就意味着在这个阶段，我们仍然是先解决涨粉的问题，先不管涨粉到底有没有用、用处多大，最起码先堵住老板的嘴，才能让事情按照我们设想的思路走。因此这个问题就是要涨粉，而不是要全盘的结果。那么就涨粉这一点来讲，AI 的解决方案也是非常简单粗暴的，那就是：通过千瓜数据等小红书数据分析工具，找到最近涨粉效率比较高的笔记，这种笔记我们也称之为"黑马笔记"，用这种笔记作为样本，让 AI 仿写即可。在这个大方向定了之后，接下来只需要解决具体的仿写命令细节、具体的内容逻辑点提取即可。

综合上述，我们从四个不同的场景阐述了 AI 在小红书运营上的大方向的解决方案，这样接下来我们在讲具体的操作方法和案例的时候，心里就有数了。也只有这样，才能真正做到思路清晰、层层递进、步步为营——这也是我们学习 AI 赋能小红书运营的核心思路。

换句话讲，AI 其实可以适用于小红书运营过程中的绝大部分场景，只是不同场景下的解决方案不尽相同而已。

大体上 AI 在小红书运营方面的作用包括：写文案、生成图片；仿写热门内容；担任专业老师的角色，可以随时向它提问。

而 AI 的这些作用也并非我们直接向 AI 提问就能实现的，这里还涉及很多操作细节，具体如下。

（1）给 AI 发送指令的流程（训练 AI 的流程）。

（2）AI 的指令逻辑。

（3）给 AI 提诉求的语言逻辑。

（4）如何结合 AI 的特点优化人工运营流程和逻辑。

可以看到，正确用好 AI，其实就是一个逻辑建构的过程。为什么很多新手刚开始体验 AI 都觉得它是"人工智障"，而不是"人工智能"，其原理就在这里，简单讲就是：不会用。

由于认知差距，很多人夸大了 AI 的智能程度，其实 AI 到目前为止，本质上仍然是一个庞大的数据处理中心，而非一个具有思考力的个体。很多自媒体新闻炒作的类似"AI 跟人类谈恋爱""AI 策划了袭击人类事件"等，背后其实还是一些人工失误导致的，或者就是纯粹的炒作，引用一句网络语言来概括，就是"非蠢即坏"。这个道理能理解的话，我们就能知道驾驭 AI 的正确态度，而非把 AI 想得神乎其神①。因此我们运营小红书，或者说任何新媒体运营，甚至任何商业行为，其本质都是在跟竞品抢夺市场资源，抢夺生存空间，而这种抢夺的主体仍然是人，AI 永远只是工具。最大的区别只是工具用得好不好、对工具的理解有多透彻、工具跟策略配合度有多高这三个重点而已。而我们现在学习 AI 赋能小红书，本质上也是为了解决这个问题，这就是 AI 的"应用场景"。

## 二、AI 指令的使用案例说明

学会使用 AI 指令是应用 AI 最重要的入门能力，因为如果指令不符合 AI 的逻辑，AI 很有可能会误解意思，从而反馈的是跟需求完全没有关联的答案。

---

① 把 AI 想得神乎其神的主要意思就是，认为只要告诉 AI 我要做一个 10 万粉丝的爆款账号，AI 就帮我做了，我什么也不用做……这明显是违背人类社会逻辑的，毕竟如果人人都能这么简单通过 AI 上热门，那不就人人都可以随随便便发财了？若真是这样，财富就不再是财富，流量也不再是流量了。在人类社会体系下，商业是一种资源分配，有人富，就一定有人穷，有人流量大，就一定有人流量小，这才是市场自主调节的真相。

我们先看几个 AI 被用成"人工智障"的案例。

## （一）讲一堆正确的废话

如图 2-1 所示，我在向文心一言咨询"我想运营一个时尚穿搭的小红书账号，需要怎么做"的时候，我的本意是要它给我提供具体的运营方案，但是它只列举了一些"运营建议"给我，都是"废话"。

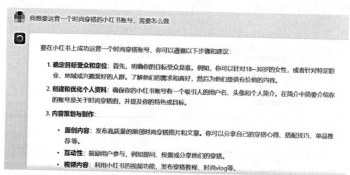

**图 2-1　百度 AI 文心一言使用页面截图**

像这种直接问 AI"我该怎么做某件事"的时候，得到的答案基本都是宽泛的理论，并没有具体落地和实操的流程——好像每一句话都说得很有道理，但是看了之后还是不知道怎么做。

## （二）信息整合能力

Kimi 在回答常识性问题和有关名人问题的时候，基本都会引用媒体报道或其他权威资料作为参考，并从参考资料中提取有关信息作为回复内容。这相比于很多国外 AI 高度依赖数据库作为知识检索主要来源的做法，明显有较大的进步——这能大大降低常识性问题的错误答率。

当然，直接向 AI 提问一个比较笼统的问题，往往也得不到比较精确和全面的答案。如图 2-2 所示，提问者向 Kimi 提问"怎么看待雷军和孟晚舟"，原本提问者可能是想要从一个独特的观点和视角了解雷军和孟晚舟在商业上的成就或者对社会的贡献，但是类似 Kimi 这样的

AI 并不能"读懂"提问者的心思，其只能理解到一个相对笼统的概念并给出相对笼统的回复。

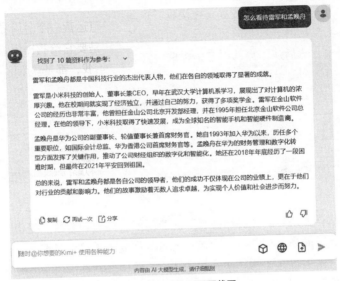

**图 2-2 Kimi 使用页面截图**

如果提问者需要获得更加全面的信息，就需要学习并向 AI 传达更加具体的指令，才能得到更全面、更精确的答案。

## 三、利用 AI 生成小红书内容的操作逻辑

通过前面的介绍，大家知道，如果给 AI 发送的指令不详细，我们获得的 AI 的返回结果很可能也是不完整、不精准，甚至不准确的，尤其是希望用 AI 来协助我们执行小红书的文案编写、图片生成等新媒体运营动作时，我们的提问指令应该更加准确。

这里讲的 AI 包括当前市面上国内的主流人工智能大模型，包括但不限于 Kimi、文心一言等，它们的底层逻辑是一致的，所以我们在本小节中也从通用的视角详细讲述 AI 的指令。

## （一）AI 指令模型的原理

初代人工智能的功能非常简单，图 2-3 所示为初代 AI 的运行原理。用户发送需求后，服务器直接接收需求并根据提取的关键词从库里提取答案并回答。这个阶段能实现的也就是：通过服务器接收用户发送的需求，然后从用户的语句中提取关键词，再从库里面匹配近似的答案，直接回复给用户。

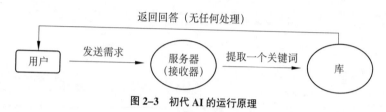

**图 2-3　初代 AI 的运行原理**

结合公众号的"自动回复"功能就能很好地理解这个逻辑，可以说是非常简易的功能。只要设置的自动回复的关键词足够多，也能模拟出"人工智能"的感觉，就是好像"问什么它都能回答"——即便这个回答总是显得很呆。再加上后来的微软小冰、Siri 等稍加改进，虽然底层逻辑是换汤不换药，但是加入了上下文的联系，并且多了一些感情色彩的判断插件，这样看起来似乎"没那么呆"了。也就是说，只要不断地给人工智能的"库"里加入"插件"，丰富人工智能的知识面，它就会越来越"智能"。就当大家以为人工智能会朝着这个方向发展下去的时候，ChatGPT 的横空出世颠覆和改写了这一切。

如图 2-4 所示，大模型时代的 AI 在用户、服务器、处理器三个层级之间形成了相对比较复杂的运行关系。人工智能大模型在服务器端构建了神经网络单元，多种逻辑的组合判断使得它看起来能够像人类那样思考，并且用处理器替代了上一代人工智能的"库"的概念——因为它的知识不再局限于自己的数据库，而是可以从全网去检索，甚至可以用近乎不限量的容量，储存更多的数据。这些数据最终还将通过"自然语言"的方式再次加工处理，才会返回到用户的接收端。

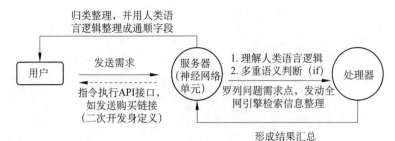

图 2–4　大模型 AI 的运行原理

实际上，在 2024 年年初，国内的 AI 已经进一步迭代进化，发展到 AI 直接嵌入 App 在本地运行，这将能够更快响应并且更快读取文件信息和判断执行意图，甚至可以将拍摄的视频素材快速读取，从而进行快速剪辑。

在应用的层面上，目前我们所要学习的 AI+ 小红书，实际上还是以文案创作为主，图片创作为辅，且需要多个工具结合，并不能用 Kimi 或者文心一言单独实现。

## （二）正确使用 AI 的指令

### 1. AI 指令的完整性

我们给 AI 发送指令时，如指令不完整，则可能获得不精准的回复，这个回复可能指向任意方向。如图 2-5 所示，给 Kimi 发送了一个指令：帮我写一个抖音脚本。但是这个脚本的书写逻辑、对应产品等信息都未提供，因此 Kimi 会建议提供更多的信息，并且只能回复一个相对通用的视频脚本。

国内 AI 如 Kimi 目前还处于婴儿期，虽然有着强大的先天基因，但是在自然语言的理解上，仍然需要我们"有一说一"。这其实是由程序的严谨性和广泛性决定的。

如果没有更加完整的表述，AI 在面对有歧义或者开放性的提问时会自动随机选定一种逻辑来回复，如果那个逻辑刚好不符合日常逻辑，会觉得 AI "很不智能"，甚至会觉得 AI 是 "人工智障"。

图 2-5　指令不完整的错误示范

　　如果没能了解 AI 的运行原理，很容易得出"所谓的 AI 并不好用""AI 非常不智能"之类的结论。

　　想要通过 AI 指令获取更加符合要求的内容，大家不妨尝试一下更加精准的指令。举个例子：如需让 AI 写一篇关于吹风机的营销文案，完整的指令中应该至少包含 9 个信息，才能让 AI 正确理解完整的诉求。这 9 个信息其实就是 9 轮完整需求沟通对话，如：

　　（1）想要它帮做一个什么样的事情——写直播脚本。

　　（2）写一个什么样的脚本——关于吹风机的直播脚本。

　　（3）写这个吹风机脚本的目的是什么——我想要卖吹风机。

　　（4）吹风机的品牌是什么——大飞。

　　（5）吹风机的价格是多少——1999 元。

　　（6）有没有优惠——现在直播间秒杀只要 599 元。

　　（7）吹风机有没有什么特点——这款吹风机是 2 亿负离子，2 分钟速干，不伤发质的。

（8）有没有可以提供参考的案例——我这个吹风机是高端的，结合网上的一些高端吹风机测评。

（9）字数有没有要求——一般要 1000 字，不然 AI 默认字数可能只有 100 多。

……

这一系列的人机对话就类似于甲乙双方需求沟通，在双方彼此陌生的情况下，这一轮对话是必要的，这样才能同步双方的诉求，并且利用乙方（AI）的专业为自己创作合适的文案，如图 2-6 所示。

**图 2-6 指令完整的正确示范**

事实上，我们完全可以不用花那么多精力去进行多轮对话，我们可以直接通过一个完整的指令阐述自己的需求。我对 ChatGPT 发出指令，指令内容如下。

帮我写一个种草吹风机的直播脚本，内容包含：

1. 品牌：大飞

2. 价格：原价 1999 元，现价 599 元

3. 定位：高端吹风机

4. 介绍：这款吹风机能吹出 2 亿负离子，2 分钟速干，不伤发质

请结合以上信息写一个吹风机测评式脚本，字数不少于 1000。

通过这样一个完整的指令，大家可以一次性告诉 AI"我们想要做什么、期望达到什么效果、有什么特殊的要求"等，而不用通过一轮又一轮的训练让 AI 猜测。

毕竟"你的心思我来猜"的默契，只存在于人类社会的情感交互——这属于感性的视角，而使用 AI 更应该站在一个理性的视角，基于严谨、科学、高效的基础跟 AI 进行沟通，才能最大化地获得我们想要的结果。

## 2. AI 指令的准确性

深入使用 AI 协助创作后，我们会发现，即便是完整的指令，仍然会存在一些问题。

就像上述案例中的"大飞吹风机"，AI 给创作的关于"直播间卖大飞吹风机"的脚本已经基本具备了直播脚本的特征，包括对产品的价格的描述、功能特点的描述等，但是在实战中，表现还是不尽如人意，为什么？古人就有一个词叫作"纸上谈兵"，说的是在实际生活应用中，很多理论的使用应该更加灵活，就是这个道理。

比如我们已经非常完整地表述了我们的诉求，但是 AI 仍然只会按照一个最基础的模板给我们作答。这种作答在学术领域可能比较符合要求，但是放在市场经济领域，灵活度很明显就不够了。因此这里的"指令准确性"更多是指大家在使用 AI 协助创作小红书文案等商业动作的时候，要强调指令的核心是具有营销性。

我们继续以上述"大飞吹风机"的直播脚本为例，在指令完整性的基础上加上指令准确性的要求之后，再次给 AI 发送一个新的指令，以校准脚本，故而从 AI 那里获得一个更加符合实际情况的脚本。

调整上述大飞吹风机的直播脚本，直播节奏如下。

（1）先介绍产品。

（2）接着带入活动。

（3）公布活动价格。

（4）准备秒杀，秒杀结束，观众互动。

这个脚本实际上就是直播节奏的逻辑导向，已经自我进化到营销逻辑了。在 AI 还没有被深度训练的时候，这个营销逻辑就是非常有必要的，否则我们很难真正让 AI 在后续的小红书运营中产生作用。

在发出这个新的指令后，可以获得 Kimi 的最新的回答，如图 2-7 所示，Kimi 给出了比较符合我需求的回复。

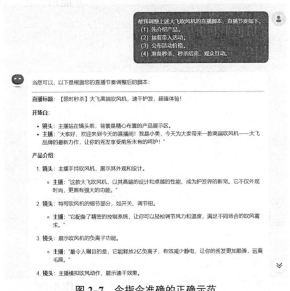

图 2-7　令指令准确的正确示范

在实际的工作中，针对上述回答仍有更加具体的要求，大家可以根据自己的实际情况进行指令的进一步优化，这里就不一一列举。

相信讲到这里，大家也能够对 AI 指令的"准确性"有一个全面的认识，之后举一反三即可。

### 3. AI 指令的清晰性

AI 指令本身是执行任务的模式，如果指令明明很完整，也很准确，却仍然得到答非所问的回复，那我们就要排查 AI 指令的最后一个要素——清晰性。比如跟张三说要明天去吃西餐，但是张三其实并不知道是明天上午去吃西餐，还是明天下午去吃西餐。或者说，具体到明天几点几分、在什么餐厅、西餐有什么菜式、有没有牛肉、有牛肉的话是几分熟等。这些其实就是大家日常说的"表达的严谨性需求"，也就是我们今天说的 AI 指令的"清晰性"。

举个例子，我想要通过 AI 获得一些素材的网址以便下载，于是我向 AI 发送了一个指令，指令内容如图 2-8 所示。

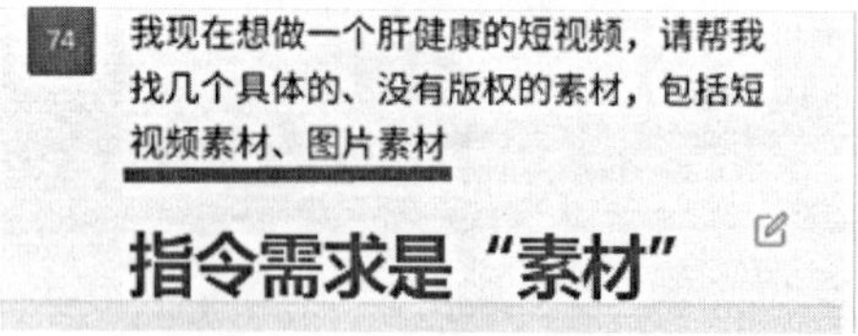

74 我现在想做一个肝健康的短视频，请帮我找几个具体的、没有版权的素材，包括短视频素材、图片素材

### 指令需求是"素材"

图 2-8 指令清晰的错误示范

我现在想做一个肝健康的短视频，请帮我找几个具体的、没有版权的素材，包括短视频素材、图片素材。

这个表述其实是有问题的，因为指令的需求指向是"素材"，而不是"网址"，因此获得的 AI 回复结果大概率是一些素材的来源怎么找，也就是 AI 会告诉哪里可以找，而不是帮你找好后直接发给你。

这时候需要调整 AI 的指令，具体调整参考以下内容。

我现在想做一个肝健康的短视频，请帮我找几个具体的、没有版权的素材，包括短视频素材、图片素材。我需要素材的网址，而不是整个站点的网址。

此时，我的指令指向就是"网址"而非素材，因此，我可以直接得到想要的素材网址。我得到了想要的短视频素材网址，如图 2-9 所示。

一般到了这一步，指令已经是非常明确，并且能够基本满足大家在运营小红书的过程中所需要的运营协助。

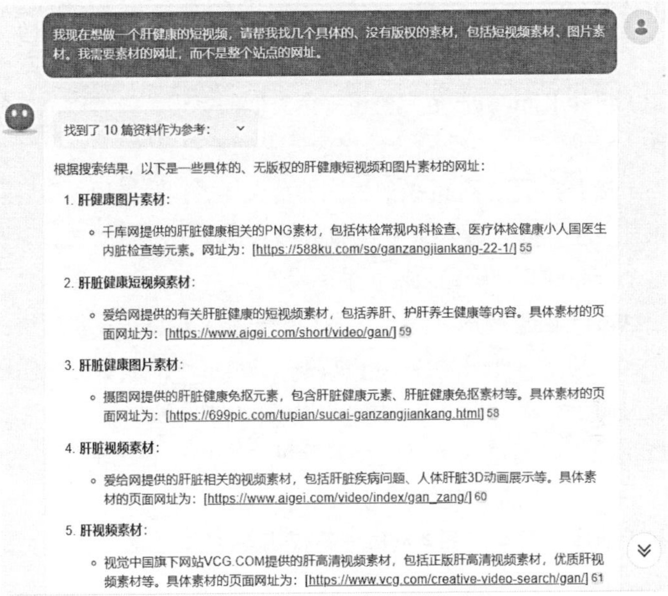

我现在想做一个肝健康的短视频，请帮我找几个具体的、没有版权的素材，包括短视频素材、图片素材。我需要素材的网址，而不是整个站点的网址。

找到了 10 篇资料作为参考：

根据搜索结果，以下是一些具体的、无版权的肝健康短视频和图片素材的网址：

1. **肝健康图片素材**：
   - 千库网提供的肝脏健康相关的PNG素材，包括体检常规内科检查、医疗体检健康小人国医生内脏检查等元素。网址为：[https://588ku.com/so/ganzangjiankang-22-1/] 55

2. **肝脏健康短视频素材**：
   - 爱给网提供的有关肝脏健康的短视频素材，包括养肝、护肝养生健康等内容。具体素材的页面网址为：[https://www.aigei.com/short/video/gan/] 59

3. **肝脏健康图片素材**：
   - 摄图网提供的肝脏健康免抠元素，包含肝脏健康元素、肝脏健康免抠素材等。具体素材的页面网址为：[https://699pic.com/tupian/sucai-ganzangjiankang.html] 58

4. **肝脏视频素材**：
   - 爱给网提供的肝脏相关的视频素材，包括肝脏疾病问题、人体肝脏3D动画展示等。具体素材的页面网址为：[https://www.aigei.com/video/index/gan_zang/] 60

5. **肝视频素材**：
   - 视觉中国旗下网站VCG.COM提供的肝高清视频素材，包括正版肝高清视频素材，优质肝视频素材。具体素材的页面网址为：[https://www.vcg.com/creative-video-search/gan/] 61

图 2-9　指令清晰后返回的结果

当然，在实际使用的过程中，我们针对不同的使用场景，如不同行业、不同运营目标、不同运营策略也会有一定的区别。因此再进一步细化的 AI 讲解这里将不再展开。接下来将会围绕小红书运营的维度深度结合 AI 进行讲述，并且后续的 AI 使用都将以"常规使用"作为基础。也就是说，如果没有认真理解本节内容，可能无法"常规使用"AI，这会让你的小红书运营和 AI 分离，从而达不到"用 AI 赋能小红书"的目的。

## 第二节　如何利用 Kimi 生成小红书"种草体笔记"

在了解了 AI 的基本指令要求之后，接下来就要正式用 AI 帮我们生成小红书的文案了。前面说到的"指令"只是在单次对话中我们需要掌握的 AI 运营技巧，实际上，大家如果想灵活使用 AI，一般都需要对其进行多次训练。

以使用 Kimi 生成小红书"种草体笔记"为例，我们的思路如下。

（1）先让 Kimi 学习小红书的种草笔记范文。

（2）再让 Kimi 根据范文模仿一个类似的笔记，或者以范文的行文逻辑作为标准，撰写一个符合给出的要求的笔记。

（3）接着尝试让 Kimi 按照不同的范文样式撰写笔记，随后发布在小红书账号上，最后通过反复试验数据对比（一般要测试 3 ～ 5 次），得出这个产品的最佳笔记风格，最后量产。

一旦可以通过 AI 实现量产，我们的思路又可以进一步延展：一是可以考虑注册大量账号形成矩阵资源；二是可以形成自己的代运营产业，既适用于集团企业，也适用于个人代运营创业。

当我们可以通过这条思路反复验证一条属于自己的逻辑的时候，就可以说自己已经能"驾驭"AI 赋能小红书。

基于上述蓝图，接下来具体展开说明。

## 一、Kimi 生成小红书文案的步骤

小红书玩家应该都知道，小红书笔记的文案风格有自己的特色。这种特色包括：跟其他平台的语言风格有较大的区别，甚至跟我们日常的文字表述风格、过往的网络语言风格都有较大的区别。

更关键的是，如果不按照小红书的文案风格撰写笔记，笔记内容很容易石沉大海，得不到系统的流量推荐，也得不到用户的广泛认可，即便自认为创作的内容多优秀，也一样无法得到曝光。

因此，要想获得小红书的流量，实现入局小红书的运营目的，我们就必须在语言风格上跟小红书的圈子语言统一。

如果是人工创作小红书文案，"照猫画虎"地模仿热门笔记即可——这个道理换做 AI 也一样。

以下介绍两种训练 Kimi 的方式，这个训练的目的是把 Kimi 的回复逻辑往小红书的文案风格上引导。

## （一）定义式指令

如图 2-10 所示，我给 Kimi 发送了一个定义式的指令。

我希望变成一名小红书的博主，接下来讲话都是种草风格，明白吗？

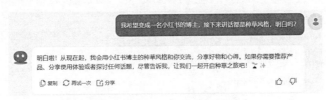

**图 2-10 给 Kimi 发送定义式指令**

随后 Kimi 会给出答复，大概意思就是"我会照做"。当然，大家也可以尝试更加严谨的表述，大概意思就是围绕着"让你扮演小红书博主"或者"用小红书的笔记风格来创作"，这样就可以直接接入我们的文案要求，随后判断 Kimi 是否能给出我们满意的答案，我们再据此慢慢调整。

图 2-11 就是在图 2-10 的基础上给 Kimi 发出新的指令，要求其以小红书博主的身份写一篇吹风机的测评。

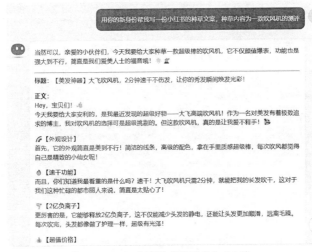

**图 2-11 Kimi 以新身份按要求生成文案**

这种方式其实就是开门见山，直接给 Kimi 下定义，让其更加精准地从我们想要的专业角色视角回答问题。一般运营在新手期较多地使用这种方法，优点是不用掌握过于复杂的 Kimi 使用方法。

但是如果你对文案有更进一步的要求，可以通过发送校准指令让其修正文案。

如果认为图 2-11 中 Kimi 提供的文案过于广告化，则可以告知它"这个风格太过于广告化，我需要更加软广的文案"，接下来就可以得到如图 2-12 所示的新回复。

图 2-12 给 Kimi 发送校准指令

可以看到，图 2-12 的回复确实更加偏向软广，内容的可读性也更强，更加符合小红书的种草风格。

## （二）仿写文案指令

直接找一段比较经典的小红书文案，通过仿写文案指令，让 Kimi 仿写。

指令示例：

我接下来将会给一段小红书种草文案，需要先学习这个文案的风格，接下来跟我的对话都需要根据这个文案的风格。

随后给 Kimi 发送需要仿写的小红书笔记——这种笔记一般比较有代表性。比如小红书笔记开头都会带有一些表情包，末尾也可能会有一些表情包，以做分割之用。这种格式更加口语化和生活化，和正规书写中要求的"首行空两格"等要求完全不一样。需要找到这种比较有特色的小红书笔记给 Kimi 学习。

这种方式训练出来的 Kimi 能够更加精准地理解需求，并且写出更加符合小红书风格的笔记，甚至这种笔记针对的是产品垂直的风格。

如果是一位卖短袖的商家，希望在小红书上发表种草自己产品的文案，并给自己的小红书店铺引流，那么训练步骤应该是这样的。

第一步：定义 Kimi 用小红书的内容风格撰写文案。

第二步：尝试发送自己的指令，看反馈结果是否令自己满意。

第三步：如果自己满意该结果，尝试发送到小红书，看数据是否优秀。

第四步：如果这个过程中存在跟自己需求偏差较大的回复，则需要重开窗口重新训练 Kimi；如果 Kimi 返回的内容跟自己的需求稍有偏差，可以通过对话指令校准。

比如，想要"体现短袖的价格优势，顺带讲一下款式特点"，但是 Kimi 理解成了"重点讲特点，价格只是顺带讲一下"，那这时候就要给 Kimi 发送一句校准指令，指令内容为"我需要重点体现短袖的价格优势，关于价格部分的内容比例至少占 70%，请据此调整文案后重新编写"。

由于小红书平台的内容初始推荐存在一定的随机性，所以发出去的内容即使是比较优秀的，数据也未必是好的，因此需要多次尝试第

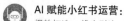

三步，获得最接近实际情况的数据之后再下结论。

## 二、Kimi 小红书种草文案生成指令模型框架

从专业视角看，如果需要直接取得跟 Kimi 的精准高效对话，最好的办法其实是获取 Kimi 官方发布的一些指令模板，然后套入我们具体的使用场景，这样可以最大程度地减少训练和校准 Kimi 的时间。

指令模板可以直接存储为常用语，具体操作步骤如图 2-13 所示，先单击"①"中的小方框收藏夹，再单击"②"中的添加常用语，即可添加常用指令模板。

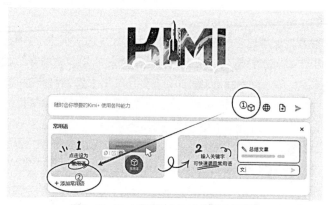

图 2-13　kimi 常用指令快速存储操作步骤

接下来将提供一些常用模板，大家可以根据实际需要使用。以下指令框架部分来自网络整理，部分来自我的自身实践，部分来自于相关从业人员的分享。

### 1. 旅游类博主指令框架

示例如下：

我想让你做一个旅游指南。我会把我的位置写给你，会推荐一个靠近我的位置的地方。在某些情况下，我还会告诉你我将访问的地方类型。你还会向我推荐靠近我的第一个位置的类似类型的地方。我的

第一个建议请求是"我在广州越秀区，我只想参观博物馆"。

## 2. 职场博主指令框架

示例如下：

我想让你担任英语雅思考试面试官。我将成为候选人，你将向我询问小红书运营的面试问题。我希望只作为面试官回答。不要一次写出所有的问题。我希望只对我进行采访。问我问题，等待我的回答。不要写解释。像面试官一样一个一个问我，等我回答。我的第一句话是"请问为什么要来本公司面试"。

## 3. 专业知识表格指令框架

示例如下：

我正在学习［某种知识／技能］，接下来请结合 SQ3R 方法，整理成表格，以帮我快速掌握这种知识。

## 4. 考试类攻略指令框架

示例如下：

创建一个学习计划，将［主题领域］中不同的主题或技能混合起来，帮助我发展更全面的理解，并促进它们之间的联系。

## 5. 图像模拟指令框架

示例如下：

结合双编码理论，同时使用文字和视觉信息（如图表、图像或地图）帮我快速学习、记忆［某种知识／技能］。

## 6. 目录树指令框架

示例如下：

接下来，结合分块学习法，将［某种知识／技能］拆分成小块，并搭建知识树，以帮助我快速掌握。

## 7. 报告类指令框架

示例如下：

我现在正在[报告的情境与目的]。我的简报主题是[主题]，请提供[数字]种开头方式，要简单到[目标族群]能听懂，同时要足够吸引人，让他们愿意专心听下去。

### 8. 内容搜集指令框架

示例如下：
给我[数字]篇有关[领域]的文章。

### 9. 修改简历指令框架

示例如下：
改写以下简历，为每一点加上量化的数据，改写时请维持列点的形式。[附上简历]。

### 10. 美食博主指令框架

示例如下：
提供给我一个食谱，食材包含[食材1]、[食材2]、[食材…]

### 11. 故事类剪辑脚本/图文脚本指令框架

示例如下：
写出一篇有关[故事想法]，拥有[风格]风格的短篇故事。

### 12. Excel 工具指令框架

示例如下：
我希望你充当基于文本的 Excel，请基于我上传的文本生成 10 行 Excel 工作表。其中行号和单元格字母作为列（A 到 L）。我会告诉你在单元格中写入什么，你只需以文本形式回复 Excel 表格的结果，而不是其他任何内容。不要写解释。我会写你需要的公式，你只需执行公式，只需回复 Excel 表的结果作为文本。那么首先，回复我空表。

以上的 12 条比较常见的典型指令，大家可以根据自己的实际情况进行套用，还可以据此举一反三，触类旁通，这样基本就能在短期内熟练使用 Kimi，并且能够顺畅应用到小红书运营中。

实际上，上述列举的 12 条指令都是围绕小红书个人自媒体创业、企业自媒体引流获客为主的热门领域，有不少不为人知的流量洼地等待大家去挖掘。

而关于"流量洼地"的概念，大概意思就是小红书有很多鲜为人知的流量爆发点，我们只要正确切入，再加上 Kimi 的辅助，就能从中获取大量的流量。

现在最关键的已经不是获取流量了，而是怎样利用流量获取收益。大家使用 AI 赋能小红书，其最终目的也必然是获取收益，所以本书关于流量部分的干货，必然围绕着获取收益的落地来讲，这里不做赘述。

## 第三节　如何利用百度 AI 生成小红书内容

由于 ChatGPT 这类国外的 AI 工具对于国内很多人来讲不方便，因此有人更倾向于使用国内的 AI 工具。实际上，百度 AI 也是比较适合用于小红书内容生成的工具，其有一些专门为小红书运营定制的模块，在小红书运营上也能提供一定的助力。

## 一、百度文心一言

### （一）文心一言的简介

大家知道，2023 年百度推出了全新的大模型"文心一言"，并且在短期内表示其已经根据国内互联网的特点开发出了多款插件。虽然早期文心一言受到了一些质疑和诟病，但是作为和百度搜索绑定程度比较深的工具，文心一言在触达用户方面有着先天的优势，而且作为国内研发的大模型，直接在国内网站就可以使用，相比于 ChatGPT 限制国内网络使用甚至封禁代理登录的账号，文心一言则有着非常明显的优势。

诚然，在技术硬实力方面，文心一言和 ChatGPT 仍有着巨大的差距，但是对于小红书运营来讲，从某种意义上讲，文心一言就"够用且好用"。对于很多行业来讲，文心一言可以直接作为运营小红书的小帮手。

实际上，国内的自然语言大模型并不仅有百度的文心一言，还有阿里巴巴的通义千问、讯飞星火认知、腾讯混元助手等。这些大模型 AI 都如雨后春笋般在 2023 年拔地而起，且各有其优势。

　　然而站在本书的主题——AI 赋能小红书运营的视角上看，经过广泛测试和深度运用，基于便利性、适用性、简洁性、通用性考虑，我最终选定文心一言这一款国内的 AI 作为代表，给大家剖析其在小红书运营方面的一些使用技巧。

　　文心一言是百度在 2023 年 3 月正式推出的大模型，严格来讲，它是在 ChatGPT 爆发的风口下推出的产物，而不是传统意义上表述的"AI"。所以用"百度 AI"表述文心一言其实并不那么恰当，只是基于大家的口头表述和通用认知，本书对文心一言使用了"百度 AI"这一称呼。

　　早在 2019 年 3 月，百度就发布了文心大模型 Ernie 1.0，这其实就是文心一言的雏形。一直到 2023 年 2 月，OpenAI 的 ChatGPT 横空出世震惊世界，百度的文心大模型改名为"文心一言"，其实就是一种应对型策略。

## （二）文心一言的功能

　　那么文心一言截至 2024 年 2 月，发展出了哪些功能呢？

　　文心一言主界面截图如图 2-14 所示。

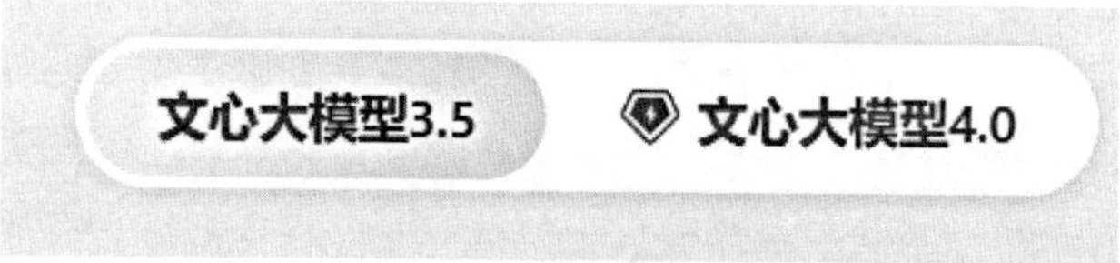

**文心大模型3.5　　　◆ 文心大模型4.0**

图 2-14　文心一言主界面截图

　　目前，文心一言的主界面分为"文心大模型 3.5"和"文心大模型 4.0"两个版本。文心大模型 3.5 免费向公众开放，而文心大模型 4.0 则需要会员付费方能使用。目前文心一言的会员是 59.9 元人民币一个月，会员功能包括以下几项。

　　（1）文字能力。文心大模型 4.0：专享输入最长 5000 字＋专享输出最长 3200 字 + 部分参考来源展示 + 指令润色 + 图片能力 + 更高分辨率 1024 × 1024。

（2）更好画图效果。一次生成多图（网页端）+ 插件功能。

（3）一镜流影（文生视频）。更多高阶插件。

目前我大部分时间是使用文心一言的"文心大模型 3.5"，也就是免费的版本。这对于我直接运营的 13 套小红书账号来讲，已经绰绰有余了。当然，不同人不同行业的运营需求不一样，所以在使用文心一言辅助运营小红书方面，大家可以根据自己的实际情况选择是否开通会员功能。文心一言会员功能界面截图如图 2-15 所示。

再看如图 2-16 所示的文心一言的插件，大部分其实只是一个指令，单击后会跳转到文心一言主界面，并自动在输入窗口填充指令。其包括创意写作、商业分析、求职招聘、数据分析、营销文案等 18 个版块，而这 18 个版块中，每一个版块下面又分别有十几个到几十个不等的插件。这些模块可以说包罗万象，从写软文脚本到生成小红书封面。这也许是国内互联网行业比较喜欢用文心一言作为 AI 辅助工具而不是首选 ChatGPT 的原因之一，毕竟文心一言的这些指令看起来就像为我们国内职场量身定制的一般。

**文心一言会员**

写作、代码、知识查询大升级

◆ **模型能力**

✓ 文心大模型4.0

✓ 专享输入最长5000字

✓ 专享输出最长3200字

✓ 部分参考来源展示

✓ 指令润色

🖼 **图片生成**

✓ 更高分辨率1024*1024

✓ 更好画图效果

✓ 一次生成多图（网页端）

🎏 **插件权益（网页端）**

✓ 一镜流影（文生视频）

✓ 更多高阶插件

图 2-15　文心一言会员功能界面截图

这里的功能当然包括我们最关心的"小红书文案生成""小红书封面生成"等专门的指令，图 2-17 就展示了文心一言中有关"小红书"的功能指令。

**图 2-16　文心一言指令百宝箱界面截图**

**图 2-17　文心一言小红书相关功能界面截图**

当然，实际上我们要想真正用好文心一言这样的工具，直接依靠这些模块化的工具显然无法满足日常运营的需求。

例如我在单击文心一言的工具箱中的小红书营销文案时，系统虽然自己默认跳转到了文心大模型的对话窗口，并帮助输入了"我想在小红书上制作［一系列好物分享］的帖子，并且形成［自己独有的］风格，可以帮我示范一个比较受欢迎的文案吗？"这样的指令，之后，发现自己得到的回复仍然是比较机械化的。即便把［一系列好物分享］替换成了［夏装女装短袖 T 恤］这类进一步明确的需求时，仍然得不到自己想要的文案。很明显，这种功能还是有些过于模板化了。这就意味着，我们在使用文心一言协助小红书运营的时候，这里的功能并不能直接套用，而是要像 Kimi 的使用方法一样，要经过指令调整、指令校准等步骤。这也就意味着，在指令方面，使用文心一言的方法和使用 Kimi 的方法基本是一致的。

上述看起来让人很心动且便捷的工具箱，实际上往往可能就是一句指令框架，类似于本章第二节"Kimi 小红书种草文案生成指令模型框架"中的内容。文心一言小红书指令返回对话界面截图如图 2-18 所示。

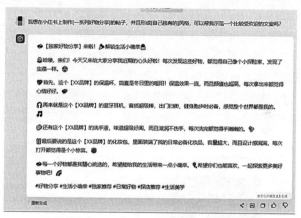

**图 2-18 文心一言小红书指令返回对话界面截图**

这个界面有浓厚的"小红书体"文案风格，包括表情符号穿插的文案和清新的排版。这种排版看起来并不符合官方文字书写规范，但它是小红书文案的主流表达方式。那么，除此之外，针对小红书运营，文心一言还有没有另外一些让人耳目一新且值得探讨的功能呢？我们将在下一节继续探索。

## 二、百度文心一言的小红书功能场景

相比于 Kimi，文心一言比较出彩的一点是它可以直接生成图片，而 Kimi 则需要通过插件才能实现。很显然，文心一言生成小红书图片比 Kimi 方便。

运营小红书离不开作图，那么文心一言就成了一个好的工具。

文心一言的功能中，可以用于小红书图片、视频等媒体内容生成的功能包括如下几个方面。

## （一）小红书封面设计

指令框架："帮我生成一张小红书封面图像。"

这里的指令必须先发出让文心一言帮生成图像的指令，随后再通过后续指令调整图像，否则文心一言会回复"由于我是文本模型，无法为你生成图像……"这其实是一个小的系统设计漏洞，因为文心一言内置两套逻辑，其中默认的是一套文字大模型的底层逻辑，这层逻辑将自动认为其只具备文字功能，不能生成图像，所有触发"……帮我生成图像"的语段都会得到这段回复。

为了避免这个问题，可以先根据指令框架让文心一言帮助生成图片，再添加调整需求。图 2-19 为文心一言生成图像的指令使用示意图。

**图 2-19　文心一言生成图像的指令使用示意图**

我的指令是："不要这个图像，帮我画一个短袖穿在女博主身上的图像。"随后系统很快就明白过来了，绘制了一张漂亮女子穿着短袖的图像。甚至还有人让它绘制相对应款式的衣服，结合自己的身高体重，相当于线上试穿；当然，其实也可以不那么麻烦，上传自己的一张照片，让 AI 根据自己的身高体重生成就可以了。

## （二）说图解画的插件

这个插件的好用之处在于：可以直接上传一幅图到文心一言，然后文心一言就可以根据图像生成一段文案。直接复制这段文案，让文心一言或者 Kimi 按照小红书的语言风格稍作修改，就可以发布到小红书。

打个比方：一个旅游博主，拍了一个照片，想发小红书，但是不知道文案怎么写，这时候这个功能就派上用场了。

## （三）制作视频

借助文心一言一镜流影插件，更能将几句简短的文字转化为绘声绘色的视频，进一步放大每一个想象。

可以在文心一言对话框输入：

请结合北京的历史文化，制作一则讲解北京烤鸭的视频，要求使用东北话。

如图 2-20 所示，这样的指令可以得到文心一言帮助生成的一段用东北话介绍北京烤鸭的视频。[①]

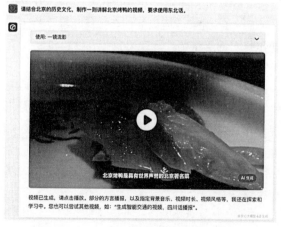

图 2-20　文心一言生成视频的指令使用示意图

① 狼烟四起 . 文心一言：创新短视频 AI 制作 [EB/OL].（2023-08-26）.https://developer.baidu.com/article/detail.html?id=1336124.

如果这种视频用于小红书，实际上获得流量的机会并不大，因为目前文心一言的成熟度还不够，无法在系统热门逻辑的变换中获得较高的权重，因此只是提供给大家测试，对于某些行业这或许是有用的。

在实际应用中，这三个文心一言的插件功能对小红书运营是有一定的帮助的。但是具体作用有限，大部分还是以对话窗口的功能为主，这一点与 Kimi 没有过多的区别。

# 第四节　小红书 AI 起号的内容方向

## 一、小红书 AI 起号的框架

小红书用 AI 起号，其本质就是用 AI 模拟人工起号，大家先要拆解人工起号的核心逻辑。

### （一）为什么 AI 生成的图片在小红书上流量很大

比如用 AI 生成的壁纸，发在小红书上配上简单的文案，很容易就能拿到成百上千的点赞，阅读量基本是几万以上。因为发布这类内容对于用户来讲是"有用的"，所以他们会选择收藏、关注、点赞、评论等。这些动作其实都会将用户和账号进行"铁粉机制"关联，从而使得账号积累较大的推送流量，这就是"权重"。

此外，我们前面说过的用 AI 生成头像的内容，也是小红书的大流量"收割机"，主要有以下三个原因。

（1）现在年轻人频繁更换微信、QQ 等社交平台的头像，以此彰显个性、表达心情等。

（2）目前 AI 生成图片这种方法只有少数人掌握，大部分人都不知道，因此存在信息差。

（3）AI 生成的很多动漫风格、唯美风格等图片，比较符合广大年轻人的审美。

用 AI 生成图片后，文案需不需要用 AI 生成，以最大程度地提升小红书的运营效率呢？矩阵化运营小红书的时候，相应的岗位往往只有一两个人，所以即便是用 AI 生成了图片，运营光写文案也需要花费不少时间和精力，因此在实际运营的过程中，图片 + 文案一整套内容都是逐渐采用 AI 生成的。

## （二）使用 AI 生成小红书内容的步骤

需要注意的是，文案是小红书平台算法识别内容是否优质、是否吻合用户需求的重要检测锚点，也是锁定内容标签、决定是否给予推送精准优质流量的重要保障。因此小红书的文案内容，尤其是发布的标题，不是随便给 AI 下达一个指令就可以实现的，这就对运营提出了新的要求。

1）热门架构的需求

需要学会人工拆解小红书的热门架构，然后让 AI 理解所需要的架构，并且这种架构是跟热门框架看齐的。

2）文案的需求

整理文案的需求，然后转化成 AI 能听懂的指令，这样 AI 才能准确执行需求，进而生成符合热门框架且符合需求的内容。图 2-21 展示了使用 AI 生成小红书内容的逻辑示意图，在这个逻辑里，我们要先拆解小红书热门架构，再发送指令让 AI 理解我们所需的结构。

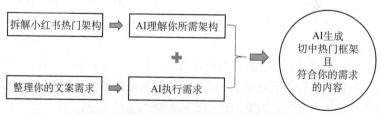

图 2-21　使用 AI 生成小红书内容的逻辑示意图

3）AI 理解并执行需求

让 AI 按照我们的需求去执行；最终两者相加，AI 才能生成切中热门框架且符合我们需求的内容。

如果只是切中热门框架而不符合我们的需求，那么内容再爆都与我们无关——因为不能把流量转化成业绩。如果 AI 只是按照运营提出的需求撰写内容却没有切中热门框架，则很有可能空有内容却没有流量。因此这两者缺一不可。

## 二、按照正确框架使用 AI 生成小红书文案的步骤

举个例子，A 是卖鞋的，如果 A 只是让 AI 理解了的热门架构需求，那么小红书给 A 的答案就可能是牛仔裤夏日穿搭——这显然并不符合 A 的需求。因为 A 的需求是鞋子相关的种草内容，所以一定是热门的需求 +A 的需求，才能让 AI 实现按照需求创作并且能有机会切中热门算法的目的。

同理，如果只有需求而没有注重热门框架，那 AI 创作的内容由于没有切中热门框架，大概率也是没有流量的。用 AI 的目的不是滥竽充数，而是真正将 AI 当作一个岗位看待，使它能又快又好地执行指令，这样才能运营好小红书。

正确的步骤如下。

### （一）搜索产品的关键词

比如 B 是做裙子的，那么 B 就会在小红书上搜索"裙子"，不要点"搜索"，系统会推荐很多"裙子 +××"的关键词，这个专业术语就是"下拉长尾关键词"，意思就是"裙子"这个主关键词下面拖着长长的尾巴。

下拉关键词其实就是用户搜索的热词，用户搜索越多，排名越靠前。但并不是说排名靠前的长尾关键词就是最好的，而是每一个关键词都代表一个群体的搜索习惯。比如稍胖的人群就会搜索"裙子微胖推荐"等关键词，而比较瘦但是喜欢小众高级感的人群就会搜索"裙子修身推荐小众高级"等关键词。

### （二）抓取关键词锚点

选择某一热门关键词，搜索结果即为热门排序，抓取关键词锚点。比如"女裙子夏季推荐"这个关键词，意味着该产品是裙子，且

主打夏季穿搭。这时候用户点进去搜索结果，看到排名靠前的一些笔记，这就是"热门笔记"。我们应该拆解和借鉴这些笔记的框架，这样 B 就能在抓取热门框架的时候，事半功倍。一般抓取热门框架的关键要素如下。

（1）封面图片的样式。

（2）标题的写法。

（3）封面的文字样式。

比如 B 找到的第一个热门笔记的封面图片：一个模特穿着几件衣服的正面不露脸照片，颜色是偏浅色系的，并且有米黄色、深绿色、浅紫色这三种占比比较大的颜色。此时 B 可以找到类似的产品进行拍摄，或者让 AI 模仿这类风格生成图片，那么这时候的封面图片样式就与热门笔记类似了。接着再如法炮制标题的居中、白色字体 + 黑色描边、主标题 20 号字体 + 副标题 14 号字体，且都是正体方字，甚至副标题两边的表情都可以用一个类似的表情替代。这样就能最大程度锁定算法的识别点，进而增加获得热门流量分发的概率。

## （三）笔记的内容和"#"标签

这个带"#"的标签，其实就是系统识别的笔记类型、推送给对应人群流量的重要依据之一。图 2-22 展示了小红书热门笔记文案下的标签，这些标签给笔记带来了一定的流量，对于笔记上热门功不可没。

**ootd｜韩系复古辣妹甜酷穿搭合集**
今天整理了一些近期最喜欢的穿搭
幂式穿搭和美式复古辣妹风都是我的爱
哪一套比较好看呢～

jk拍照｜jk日常｜日常穿搭｜jk穿搭
#我的JK日常 #每日穿搭 #学院风穿搭 #韩系穿搭 #辣妹穿搭 #复古穿搭 #夏季穿搭 #吊带上衣这么搭 #吊带背心

2022-07-24

图 2-22　小红书热门笔记文案下的标签

可以看到，这里作者可以选择多个标签，并且都尽可能覆盖这一类用户的多元化需求，比如，"每日穿搭""复古穿搭""辣妹穿搭"等是不同用户的需求，同时也是这款裙子能满足的需求。

根据这些需求的匹配，系统能够给推荐的人群会更广，笔记曝光增加的可能性也就越大。这时候不管是自己写还是用 AI 写，都可以考虑添加这些标签。如果单纯让 AI 帮助写这个文案，可以把想要的这些标签发给 AI 学习，让 AI 知道需要在写好的文案中加入这些类似的标签，那么 AI 就会根据文案的情况适当调整，从而提供更加精准的标签。

### （四）给 AI 提供具体的文案框架需求

要写一个小红书的种草文案，需要给 AI 提供以下信息。

（1）产品名称：希望种草的产品名称。

（2）产品特点：产品的主要特点、功能或优势。

（3）适用人群：产品针对的目标人群。

（4）推荐理由：推荐这款产品的个人理由或体验。

（5）图片描述：图片的背景和内容描述。

（6）其他信息：其他认为对文案有帮助的信息。

通过这些信息，AI 能够写出更加精确的文案。后续同类产品都可以多次、反复生成不同的但是都切合算法需求的同类文案，这样就能实现量产。

## 三、小红书文案运营的阶段和注意事项

通过前面的介绍，我们基本已经掌握了 AI 创作文案的技巧，需要注意 AI 的使用比例，避免内容和系统认定的"优质内容"差距过大，而导致错过热点流量甚至限流。小红书起号的逻辑不是一开始就使用 100% 的 AI 创作，而是首先使用 50% 的人工创作 +50% 的 AI 创作，等到流量稳定之后，再逐渐减少人工创作的比例到 30%。接着按照这个步骤继续往下走，直到转化稳定了，再转化为 100% 的 AI 创作。图 2-23 为小红书四步起号法高提纯逻辑模型，该模型浓缩

了小红书新号起号的流程，包括流程中的操作步骤、核心动作、核心思想和运营目标。

## 小红书四步起号法高提纯逻辑模型

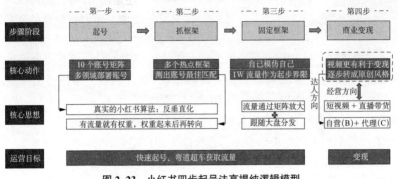

图2-23 小红书四步起号法高提纯逻辑模型

### （一）小红书四步起号法

#### 1.起号

在起号的过程中，一旦出现流量不稳定或者转化不稳定，都要判定可能死号，需要重新起号。如果没有及时发现死号了，还是一直在更新，那么很可能导致一直在做无用功。起号的主要做法一般为注册10个账号作为矩阵，多领域部署不同的账号，最后通过拆解同类笔记内容复刻，实现快速起号。

这里要注意以下细节。

（1）人工创作50%+AI创作50%的阶段，重点关注的是"流量是否稳定"。

（2）人工创作30%+AI创作70%的阶段，重点关注的是"转化是否稳定"。

#### 2.抓框架

框架是算法体系中一个非常重要的研究课题。我们简单阐述一下算法框架的原理：系统每天都要接收成千上万的笔记内容，这时候的内容发布出去，在系统的识别中也只是一段代码而已。而系统要判定笔记是否优质，最常见的方法就是把笔记推给一些可能感兴趣的用户，如果这批用户互动比例高，那就判定笔记可能优质，然后给笔记推荐下一个量级的流量。这就是所谓的"冷启动"机制。

### 3. 固定框架

"冷启动"机制只是理论模型，在实际操作中，服务器的算力是有限的，平台也不可能拿那么多"不知道用户喜不喜欢"的内容去推给用户，那样如果用户一连刷到 10 个这种内容，当了 10 回"小白鼠"，而且 10 回都刷到自己不怎么喜欢的内容，那么这个用户会不会觉得平台的内容都很差呢？平台会不会损失这个用户呢？

很明显是有可能的。平台当然也会意识到这一点，因此平台算法上更加聪明的做法是：定义某个优质并且被大部分用户喜欢的笔记，再拿新发的笔记内容跟这个笔记对比，如果跟优质笔记"长得像"，就优先给推荐流量，如此既能减少审核压力，又能最大程度地实现热门内容中心化。这种做法屡试不爽，实际上这样下来，大部分用户看到的都是自己喜欢的内容，体验感是很好的。

反过来，如果掌握了平台这种"习性"，创作者都创作与优质内容类似的笔记，包括封面风格、文字风格等，这些都是系统识别对比的"锚点"。因此，这个现象体现在我们用户端就很明显，我们经常可以看到一个类目的热门视频千篇一律。

### 4. 商业获取收益

获取收益不仅是创作者，而且也是平台的最终目的。有个说法："如果做小红书不赚钱，那意味着是不值钱的，平台也不想要"。由于商业广告或多或少带有硬广的属性，导致社区内容生态的协调性和软性内容输出原则受到破坏，因此几乎所有平台都会存在内容生态治理和商业广告的矛盾。但是从平台价值和战略上讲，"既要生产内容为爱发电，又要对接商业获取收益"，最终这两者实现平衡，才是平台的健康心态。

所以当账号框架稳定了，流量稳定了，下一步一定要确定获取收益方法，千万别想着"趁着势头好先沉淀积累一段时间，再考虑获取收益"，那样会发现流量越来越少，因为平台认为没有价值了。

## （二）小红书的核心运营思想

### 1. 反垂直化

在第一步和第二步的起号到抓框架的过程中，运营的核心思想就是"反垂直化"。什么是"反垂直化"？所谓小红书的算法是垂直化，也就是说，大家如果完全按照小红书的算法规则去运营，那么正确的做法就是"垂直化运营"，反过来，就是"反垂直化"。

那么，为什么不按照小红书的算法规则去"垂直化运营"，而是要反其道而行之呢？其实主要是因为小红书平台的算法虽然赋予了我们获得流量的权利，但是也有大量的约束。有了约束，很多运营工作就显得没有那么开放了——比如，小红书作为一个 UCG 平台，肯定希望更多人创造更多的内容。在我做小红书运营的数据统计中发现：大部分小红书创作者平均都要创作 70 篇以上的笔记，整体时间超过 50 天才能获得 1000 以上的粉丝，才可以开启正式的商业化运营。这个周期对于大部分运营来讲太长了，如果完全按照平台算法规则就是这个周期，那一开始就冲着商业化的目标去创作的运营，肯定是很难支撑的。因此，只有绕过平台算法的限制，并且还能利用算法的规则获得更多流量，才能更快地达到运营目标。有人说，按照平台的规则是为了提升权重，有了权重才有更高的流量。这个说法本身是没有错的，但是回到刚才的观点上，大部分创作者又确实是耗不起的，因此大家要想方设法先获取流量，有了流量权重自然也就起来了，就是这个道理。

### 2. 原创风格

需要强调的是，在"商业获取收益"中，核心动作"逐步转成原创风格"并不意味着账号前期的内容是抄袭的，而是指账号前期更多采用二次创作和 AI 创作为主，在正式商业获取收益阶段，更鼓励原创的风格，即风格上保持原创，减少模仿和借鉴其他账号，而是形成自己的独有风格。

上面给了具体的做法，其中的行文逻辑大家要学会概括，只有形成方法论，大家才能在账号运营中实现批量复制、批量起号。比如前文中的"起号"＋"抓框架"，其实都是根据真实的小红书算法进行"反垂直化"。这个"反垂直化"的意思就是：我们经常说小红书运营的内容要垂直，但是恰恰在第一步是不需要垂直化内容的，反而是通过热门带动流量，通俗来讲，就是"什么热门做什么"。先通过这个方法把流量做起来，有流量就有权重，有了权重之后，后面再发的种草内容才有更多的受众群体，系统才会把内容推给更多的用户，才能更好地获取收益。比如创作者 C 是做工艺品的，但是一开始 C 做的是旅游的内容，因为这个内容自带热门，更容易获得流量，等账号起号成功之后再转向做工艺品种草，所谓"权重起来之后再转向"就是这个意思。

### 3. 类目选择

有朋友问，为什么一开始不做工艺品呢？因为工艺品的大盘流量很小，比如每天工艺品阅读量只有 1 万，那么即便内容很优质、耗费大量心思，也只能获得最多 5000 阅读量，就需要较长的时间才能起号，甚至都没有机会起号。

### 4. 固定框架

2023 年以后，小红书资深运营创作者圈内极少有人提及"涨粉"的概念，即粉丝增长不再作为主要的运营目标。究其原因，是在这个框架里，"粉丝"并非第一运营要素。因为现在的大数据算法更多是"铁粉机制"，即"30 天内有完整阅读过某账号笔记，或在该账号产生过点赞、评论以及有收藏动作等用户，会有 50% 以上概率在下一次发笔记时再次刷到该账号"。也就是说，10 万人曾经给该账号点过赞，那么哪怕这 10 万人没有关注该账号，下次该账号发笔记时，仍有 5 万人可以刷到该账号的笔记，这样的起点就很高了。

获取收益也不需要几千粉丝，正常 1000 粉丝就可以通过开通小红书蒲公英平台获取收益。甚至我也有不少学员从 0 粉丝就开始获取收益，现在账号上大量的粉丝就是在获取收益的过程中增长的。毕竟现在小红书平台已经开放了大部分类目的 0 粉丝开通小红店的权限，没有粉丝也可以进行带货获取收益。

很多人做自媒体的误区就是，非要花三个月、半年积累甚至更长的时间，有几万、十几万粉丝才开始获取收益，这终究是传统思维——实际上，用这种传统思维运营新媒体，最终大概率是没有结果的。

### 5. 起号小捷径

从广泛的层面上讲，小红书的起号或许没有那么难。大家完全可以注册一个新号，然后在网上找一些段子图片，带上一两个热门话题发布在小红书新号上测试。不出意外的话，这种测试能让该内容在半小时内收获至少数个点赞——只要大家找的段子图片符合小红书平台的基本要求。这就意味着，小红书的大数据流量其实是非常公平的，重点还是看大家在放大运营上怎么选择、怎么发力。换句话讲，当大家手动运营时能快速接触到小红书的一些基础流量后，稍微总结概括经验，就能很容易通过 AI 自动撰写内容来触达这些流量。

## 四、小红书运营阶段的内容生成策略

小红书起号完成后，就进入了正式运营的阶段。在正式运营的阶段中包括了矩阵运营和 SEO 运营两大重点。

### （一）AI+ 矩阵运营

有了起号的基础思维之外，可以尝试放大小红书的账号，做成矩阵。事实上，小红书的专业号运营也强调矩阵，甚至官方研究院都出了相应的课程。但是我们现在讲的矩阵并非官方所说的"矩阵运营"，而是先多注册一些账号。这种矩阵如果是纯人工运营，不仅耗时费力，价值也是不高的，所以大家更好的选择就是借助 AI 辅助运营这些账号的内容。

矩阵起号的做法比较适合企业和集群工作室，也适合想在小红书上创业的个人。矩阵号的起号方法跟个人只做一个号的做法明显有很大的区别，因此这里单独讲一讲。我建议矩阵起号从以下四步开始走。

### 1. 给同类账号点赞

先把想要做的这个行业的 20 个账号找出来，随后挨个去看，并挨个点赞，这样可以提升账号的权重。

在你点完赞之后，基本大数据已经锁定，你就是这类内容的优质用户了。随后你可以拆解其中一个做得比较好的内容（点赞数在200 ～ 1000 的）的逻辑。

（1）拆解其封面的色调、风格，参照的内容。

（2）拆解其封面文字的字体、大小、颜色，对齐的内容。

这里主要就是参照系统对于热门内容的表面特征的收录，这样做的目的是获取热门内容的系统分发权重，俗称"蹭热点"。

### 2. 尝试转成短视频风格

如果没有任何一篇笔记达到 1 万阅读量，均不能算"具备商业化运营的基础"。实际上，按照上述方法做到某篇笔记 1 万阅读量并不难，有时候蹭好一个热点就够了。小红书以笔记类图文内容起家，但是大的流量趋势一定倾向于短视频内容。因为短视频内容的受众人群更广、转化效率更高，其更符合商业的"短频快"特征。短视频的封面仍应遵循"封面统一"的原则，即每个短视频封面内容都应该保持统一的元素，包括色调、风格、字体大小和颜色等样式元素。当然，不同短视频的封面文字内容可以不一样，样式一样即可。

### 3. 开始注重垂直化

小红书"起号阶段"的技巧，基本是站在算法本身的规则红利之下的。但既然是红利，说明这只能作为前期起步的做法，实际上，后期还是要回归到市面上比较主流的"垂直"做法。所谓"垂直"，就是如果分享美食，那从正式运营之后，尤其是在转型短视频之后，全程都要分享美食，甚至只分享美食类目下的细分"分享做菜技巧"的小类目。根据"起号初期"阶段去寻找"同类优秀账号"进行拆解，其实就能发现，这些优秀账号基本也都是发布垂直的内容。需要清楚的是，他们并不是因为优秀之后才发的垂直内容，而是发了垂直内容之后才优秀的。

### 4. 小红书的内容统一化和交融

有人说，小红书每一个类目的内容都太同质化了。

这里我要纠正一下这个说法：小红书的同类目下的内容确实有很多相似之处，但是这不叫同质化，而是统一化和交融。实际上，看似相似的内容，还是有很多特色的——这些内容对于每一个类目的重度用户都是非常友好的，结合前面说的"平台算法原理"，大家也能理解，如果大家想要做好小红书，就必须做好小红书内容的统一化和交融。

也就是说，在小红书某个类目要想拔尖，创作者发布的新内容最终都会跟前面已经上了热门或者点赞数比较高的内容高度统一，并且内容上多有相似和互补，这就是"交融"。

小红书作为典型的互联网平台，其用户也有极强的网感。而对于这类有着极强网感的用户，并不需要面面俱到，而只需要从一个点突破，并做深、做垂直，就很容易成为这个类目的佼佼者。这可以说是一个运营小红书的"捷径"，且是大部分想要获得平台流量扶持的账号都需要注意的运营重点。很多创作者发现付出巨大精力之后效果并不理想，后面复盘总结原因就是：他们想要的太多了，什么都想做，以至于什么都做不好、做不精。这就是典型的"把小红书想复杂了"，事实上，小红书的运营应该是极致简单才对。

## （二）SEO 拦截优质的搜索流量快速获取收益的运营

常规的小红书运营会更注重积累，追求"内容一点点地呈现""粉丝一点点地积累"。但这种模式不适用于小红书运营，最起码不适用于前期的运营。

现在的小红书运营竞争是激烈的，迭代是迅猛的，如果我们不能做到"快速起号"，那么很快就会被海量的内容所淹没。

经过长期的实践，我发现了一个在"快速起号"的同时，还能做到"获得优质精准流量"的方法。这个方法就是"SEO 部署"。

### 1.SEO 的含义

SEO（search engine optimization）是指搜索引擎优化。通俗地讲，SEO 就是通过优化关键词可以让你的小红书笔记在用户搜索关键词时看到的结果页面更加靠前，从而获得更多精准的曝光机会。

用户搜索行为说明有一定的意向，有数据表明，用户产生搜索行为时，相应的购买意向是刷到种草笔记时的 2.5 倍，成交概率比系统的推荐流量高 43% 左右。

SEO 排名的原理是什么？比如用户搜"早 A 晚 C 套装"，刚好的笔记标题也有"早 A 晚 C 套装"，用户搜索时就可以看到该笔记。当 1 万个笔记标题都写着"早 A 晚 C 套装"的时候，系统会根据账号 / 笔记的权重进行排名。

怎么提升权重，提升搜索排名？核心就是优化内容架构、标题架构、封面架构这三大算法锚点，随后系统会给笔记打标签，标签跟用户搜索的关键词匹配程度越高，笔记排名越靠前。粉丝、点过赞 / 评论过的用户等跟笔记有交集的用户刷到靠前的笔记的概率更大。

### 2. 小红书 SEO 排名的三大特点

（1）同一个人不同时间段搜索到的结果不同，搜索结果会选择在高权重笔记之间轮换展示。

（2）用户兴趣不同，看到的结果不同，不同的人看到的结果是不同的。

（3）高权重笔记经过一段时间后会变成低权重笔记，保持活力的笔记会获得更高的展示概率。

为了符合这些特点，在运营小红书 SEO 时，需要抓取到更加全面且符合品牌特征的 SEO 关键词。

### 3. SEO 关键词抓取的具体方法

以下介绍一些比较实用的 SEO 关键词抓取方法。

（1）下拉法。通过搜索主要关键词，获取系统更多更全面的推荐关键词，就是在搜索下拉框自动显示出来的结果。这些关键词的结果在小红书、微信、抖音、百度各不一样。我们需要根据自己的产品，综合不同的用户需求，从这些关键词中抓取。图 2-24 为小红书和微信搜索下拉截图。

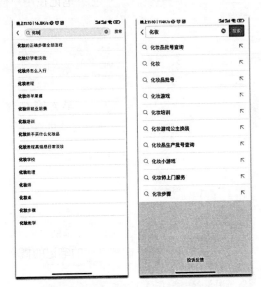

**（a）小红书搜索下拉 （b）微信搜索下拉**

图 2-24 小红书和微信搜索下拉截图

（2）相关搜索法。原理同上，只不过这个关键词的位置是我们选择某个关键词（如化妆培训）搜索后，展现的结果第二页就可以看到"大家都在搜""相关搜索"这类字眼。这些栏目下的关键词，就是跟你所要搜索的关键词相关的拓展关键词。

（3）话题法。比如在小红书发布笔记的页面输入"#"或者点击"# 话题"，然后输入主要关键词，就可以看到阅读量最大的几个话题，这些话题其实就是系统分配流量的标签。比如在小红书输入"# 化妆培训"，下面系统会自动推荐"# 重庆化妆培训"，说明最近在小红书平台这个话题有很多人看过，带上这个标签就有可能抓住这个庞大的"黑马"流量。抖音也是同理。图 2-25 为小红书和抖音话题选择页面截图，在这个页面输入主关键词，即可看到多个话题和对应的播放量（浏览量）。

（a）小红书话题法　　　（b）抖音话题法

图 2-25　小红书和抖音话题选择页面截图

（4）指数法。具体做法是通过抖音母公司字节跳动这家公司旗下的"巨量算数"指数工具，搜索某一个关键词（如化妆培训），来查看指数下最近这类关键词的内容关联词和搜索关联词。其中，内容关键词指的是最近创作者喜欢发哪些关键词的内容，说明这些内容可能是创作者比较喜欢推广甚至炒作的，这方面的内容竞争也相对较大；同样的，搜索关键词指的是最近消费者喜欢搜索哪些关键词，说明这些关键词在需求市场上是旺盛的，那么只要对应做带有这些关键词的内容和标签，就极有可能抓到这些流量。图 2-26 为巨量算数和微信指数页面截图。

这里有 2 种可以抓取多维度流量的方法，适合企业做小红书的玩家，个人小红书运营如果要求不高，可以不用这个方法。

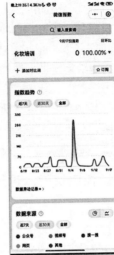

（a）巨量算数　　　　（b）微信指数

图 2-26　巨量算数和微信指数页面截图

这里最大的特点是：虽然创作者是在小红书平台上发布内容，但关键词是通过微信、百度、抖音等多个平台抓取的，而平台的用户实际上也是流通的，因此这样能够抓取更多精准用户，从而实现更高的获取收益价值。

这里指的获取收益价值一般是：做小红书带货或者开小红书店铺带来的收益。因为市面上对于小红书获取收益的定义大部分只局限于"涨粉丝，然后接单"，这种获取收益方式不仅门槛高，收入还不太稳定，周期也长，所以在本书中这种获取收益方式并不作为主流，本书提供的方法也不主要针对这种获取收益方式。

## 五、小红书爆款打造

这里先解释几个名词的概念和区别。

爆款：指的是点赞、收藏阅读的人数较多的内容。

热门：指的是在小红书某类目或全平台热门排行榜上的内容。

热点：指的是社会层面的热点新闻事件。

一般而言，爆款主要还是针对成交数据层面的。因此，打造爆款并不意味着上热门，也不意味着成为热点。但是我们可以通过关联热门标签和热点话题给笔记带来额外的流量，进而使得笔记成长为爆款。

打造小红书爆款，几乎是每一个小红书账号运营的梦想。但是具体怎么打造小红书爆款？有没有捷径？

我们先来回顾一下第一章讲到的小红书流量分发机制，并且结合"爆款"的逻辑做一个更加详细的补充说明。

## （一）小红书上热门技巧：如何捕获小红书的流量机制

要想捕获小红书的流量机制，结合第一章中分析的算法，很明显封面是最重要的一环。通过大量的案例分析，我们发现，基本只要能够白手起号并且维持不错的流量的小红书账号，它的封面基本是一致的——样式一致、颜色一致、字体一致，通俗来讲，就是封面都很像。结合前面的流量推荐机制模型中的"热门内容对比"环节，很容易就能理解这个原理。

这个是前面讲的算法逻辑，也就是底层逻辑的维度。把这个热门理论还原到实战中，封面的素材选取方向可以是以下几个。

（1）美女，让人看了就想点进来看大图。

（2）干货合集，让人看了就想点进来收藏。

（3）圈重点痛点，用红圈随意圈出一个大家比较关注的关键词重点。

（4）猎奇的图片，吸引人进来看是怎么回事。

（5）夸张的标题，如"00年硕士毕业回老家摆地摊月入5万元"。

……

这些都是站在表层吸引人的视角去吸引流量的。

既然是表层，我们就不得不关注一个重点：这种所谓爆款带来的流量是否精准。因为新手运营小红书很容易掉入一个陷阱，觉得只要做了爆款内容，上了热门，就万事大吉了，就有数不尽的荣华富贵，就有遍地黄金了……

实际上，2024 年如果还这样想，那就大错特错了！

流量现在已经不能完全等同于金钱，也就是说，不是有流量就一定能发财了。这个前面也简单列举过，B 站千万粉丝的博主也就刚好勉强养活自己，工作室被迫解散；还有田子曾的粉丝也有不少能偶尔爆发数百上千万的流量，却无法获取一分钱的收益……

这里揭示了一个道理：如果流量不精准，只是盲目追求打造爆款上热门，那么折腾一圈下来会发现——好不容易爬上了流量的顶峰，前面还有更高的山等着自己去征服——那就是获取收益。

### （二）小红书有流量就意味着能获取收益吗

大部分小红书流量实际上并不能获取收益。很多内容都是空有流量，但是获取收益的效果很差，这就是大家常说的"不能获取收益的那部分流量"。用圈内某大佬的一句话讲就是：不能获取收益的爆款流量，宁愿不要。

这个说法其实饱含着深刻的道理，我们通过三个例子进一步理解。

（1）某运营一味追求爆款，什么热门蹭什么，好不容易辛辛苦苦做出一个爆点，却发现自己的产品根本不能在这一波爆点里获取收益。原以为上热门了就熬出头了，没想到这才刚刚开始，因为错误的热门让自己的账号标签偏离，导致账号的流量内容偏离人群，进而导致收益价值变低，那么这个辛辛苦苦运营的账号就算废了，又要从头来过。

（2）某博主运营自己的账号，半年来流量一直上不去，基本是十几个阅读和零星几个点赞。突然有一天爆了一条，但是由于自己的账号没有带货权限，而爆款的持续时间只有两三天，他光测试人群都要不止两三天，更不要说带货获取收益……若要实现热门新闻中某些极个别案例中的"带货致富"，那么除非是现象级流量，否则普通人很难实现。这种能实现"带货致富"的流量，国内十四亿人中每年也就只有几个幸运儿能够获得。

（3）某运营每天研究爆款攻略，终于有一天爆了一个几百万的阅读量，但是不到半天账号就被封了，原因是蹭了不该蹭的流量，违反了互联网信息管理条例中关于价值观的规定。

# 第三章

# 小红书爆款的打造

小红书爆款的出现，其本质就是触发了流量机制的正向推动按钮。既然我们知道了流量机制的原理，那么我们应该怎么产生爆款内容呢？很多人第一反应就是：蹭热点。那我们就先从"蹭热点"这个话题展开讨论。

## 第一节　小红书的爆款原理和流量分发机制的剖析

想要做爆款的小红书笔记，就要清楚小红书爆款的原理；想要理解其原理，就要先对其流量分发机制进行剖析。那么小红书的流量是怎么分发的呢？通过多次测试和验证，我认为，小红书的流量是按照类目进行分发的。因为不同类目的人群不同，流量也只是在对这类内容有兴趣的人群范围内进行分发，当关注的人数超过一定规模，或者在该类目排名比较靠前、流量比例较高时，则为爆款。

比如 A 行业的用户规模是 3000 万人，单篇笔记触达 30 万人，触达率为 1% 时，即可认为是爆款；B 行业的用户规模为 10 万人，单篇笔记触达 1 万人，虽然触达率超过 10%，但并不能理解为爆款，因为其触达用户总量较小。所谓类目行业规模，其实就是对这个类目感兴趣的用户有多少——同一个用户可以对多个类目感兴趣，但不会对所有类目感兴趣。甚至有部分类目只有极少数用户感兴趣，比如一些尖端数学的研究领域。

## 一、各行业的热点和商业的关联

爆款的定义有一定的界限，用户总量是主要评估标准。因此我在做爆款研究时，先研究用户规模量比较大的类目。由此，我总结了一个各行业蹭热点和商业的关联表，如表 3-1 所示。

表 3-1　各行业蹭热点和商业的关联表

| 行业 | 主热点方向 | 次热点方向 | 热点人群 | 转化率 | 案例 |
|---|---|---|---|---|---|
| 服装 | 明星、穿搭 | 大促节日 | 泛人群 | 低 | 光腿神器 |
| 食品 | 食品安全 | 泛娱乐、大促 | 泛人群 | 低 | 卫龙 |
| 心理咨询 | 婚恋、情感 | 社会事件、学校 | 青年男女 | 低 | 北大包丽 |
| 文具用品 | 学生 | 学校 | 学生、家长 | 中 | 越来越贵的文具 |
| 家居百货 | 家庭、泛社会 | 生活妙招 | 家庭主妇 | 高 | 国货崛起 |
| 科技 | AI、数字 | 科技互联网 | 城市白领 | 中 | ChatGPT |
| 宠物 | 爱狗、爱猫 | 熊猫等宠物 | 年轻人群 | 中 | 女童被狗咬伤 |
| 美妆 | 衰老 | 美容黑幕 | 年轻女性为主 | 中 | 断崖式衰老 |
| 医疗健康 | 传染病、公共健康 | 新病毒、养生 | 泛人群 | 低 | 日本核废水 |
| 培训教育 | 副业、摆摊 | 失业、经济 | 上班、创业 | 高 | 博士摆摊 |
| 数码家电 | 产品事故 | 新品发布 | 年轻人群 | 高 | 一加全额退款 |

## （一）服装

各行业蹭热点的方向其实就是用户对内容的偏好，而这些内容刚好引申到对应的商业领域。比如对明星和穿搭感兴趣的用户，可以往服装行业上引流。由于明星和穿搭领域流量巨大，即便其人群较广泛导致转化率较低，但是转化的绝对值还是相当高的。具体案例如某明星测评的光腿神器，相关店铺近 30 天有 5 万人关注，同款产品显示"已售 100 万＋"，这就是非常典型的利用明星热度衍生出来的热点。其产出的内容称为"爆款内容"，带火的商品叫作"爆品"。同时一般大促节日关于服装的话题也会非常热门，这也是一种热点，而且这种热点转化率极高。

## （二）食品

食品安全也一直广受人们的关注，往往有不少食品商家抓住这类新闻热度获得了不错的收益。当年某辣条公司在大众对食品安全表示巨大的担忧时，通过宽敞明亮洁净的现代化辣条生产车间瞬间俘获众多网友的喜爱，品牌高度大幅提升，销量也因此一路上扬，直至 2022 年，某辣条外卖单达到 7 万单 / 日。[①]

## （三）心理咨询

心理咨询相关案例如北大包丽事件，一度引发了极大的社会反响，不少心理咨询机构借助该事件获得了巨大的客源。心理咨询行业总体流量规模不算大，但是跟心理有关的热点流量却极高。相比于其他平台，小红书平台的用户对心理问题的关注度比较高，因此心理咨询在小红书上绝对算得上一个大类目。目前社会上的婚恋、情感、学生、社会事件等均可关联到心理咨询的行业。但是由于目前国人对心理咨询的了解和重视程度较低，才导致这个行业的总体流量和热度并不对称——这也说明了心理咨询行业的潜力其实非常大，而这个潜力主要

---

① 休闲零食借即时零售拓宽销路，卫龙日均外卖销量超 7 万单 [EB/OL].（2022-12-05）. https://baijiahao.baidu.com/s?id=1751352629525187839&wfr=spider&for=pc.

源于热点相关的流量——也就是说，用好这些热点流量，产出更多相关爆款，才能真正发掘心理咨询行业的潜力。

心理咨询的用户心智教育任重道远，要降低用户心智教育成本，最好的选择就是找到足够多的流量。因此，"做爆款""蹭热点"成为心理咨询行业破局的最佳选择。同时社会上仍然普遍对心理咨询有一定的抗拒心理，认为心理咨询"是无用的"，这也造成了我们在"蹭"心理类新闻的社会热点的时候，应该尽可能缓和，不宜过激，否则可能受到舆论的反噬。于是我们在"做爆款"和"蹭热点"的基础上，还需要加上一个"好"字，即"做好爆款"和"蹭好热点"。

### （四）文具用品

但凡是跟学校、放假、开学等有关的热点或者爆款笔记中，都不乏商家带货办公文具的身影。这里我们将教辅书籍也归为办公文具一类。

### （五）家居百货

家居百货是小红书的主要类目之一，这说明小红书上有相当多的家居百货类目受众人群。而关于家庭、泛社会的热点新闻流量能给家居百货类目带来不错的转化，生活小妙招营销号更是在家居百货类目有极其不错的数据表现。

### （六）科技

跟 AI、数字科学等有关的话题，往往能带动大量的科技类产品的销售。Sora 刚发布的时候，其有关的教程据说 5 天内已经卖出 200 万份，而这个教程仅仅是翻译官方的文档。由于科技领域辐射的人群购买力相对较强、购买决策周期较短，因此转化率极高。

### （七）宠物

我国的宠物市场在蓬勃发展，越来越多的年轻人开始在家里饲养宠物。而与宠物有关的话题一直有着不错的热度，是为数不多的热点、爆款和行业均高度垂直的一个类目。而跟宠物有关的新闻，如小女孩被狗咬伤，也引发了狗狗牵引绳的销量爆发，有营销号用这个片段带货，甚至可以实现日销几万单。

## （八）美妆

美妆无疑是以年轻女性用户为主的小红书平台的主要类目，但是美妆行业讲究转化效率，因此并非所有热点都适合美妆类目。不少博主做过泛社会热点带货美妆类目，但效果均不佳。一般来讲，美妆类目的热门笔记基本出现在美妆内容本身，比如衰老问题、美容黑幕等新闻热点，还有化妆教程、护肤攻略等常规热点，这些内容在美妆类目能产生较高的转化率。而偶发新闻（如"断崖式衰老"）则可以作为一个长期教育用户心智的热点新闻，结合在账号科普素材中，让用户也相当受用。

## （九）医疗健康

医疗健康、保健品、二类器械等类目在多个平台的管理均较为严格，但是我们仍然可以从一些软广中引流到私域进行二次教育、常规科普、用户服务等，由此也能拉动不少的业绩增长。医疗保健需求其实理论上应该是人人都有，但是要树立健康意识和养生意识，则需要更多地触达用户，并通过合适的内容种草意向用户。由于私域每次触达成本都较低，因此很多医疗健康的项目选择在小红书上做私域引流。

## （十）培训教育

教培类目近年来有上升趋势，尤其是成人教育，在小红书上引流效果一直不错。比如博士摆摊的新闻就引发了副业技能教育的风潮，不少教育公司利用这个热点获取了非常多的白领用户，他们均希望通过副业开拓第二事业线。而针对副业技能的培训往往可以量化，因此成本较低，引流的人数越多，利润也就随之递增。

## （十一）数码家电

数码类目在整个行业中独树一帜，是一个特殊的类目，具有高转化、人群高度都市化的特点。数码类目的热点如一加手机全额退款、苹果手机发布等，甚至电动汽车降价有时候也会成为这个类目的带货拉动热点。这里凡是有关科技的内容均可融合，且可以从美观的角度融入小红书。毕竟小红书的用户以年轻女性为主，年轻女性对于科技的感受主要集中在"好用""方便"，而非翔实的技术参数。

还有更多的方向需要大家在日常运营实践中总结，这里只是抛砖引玉。实际上，在不同行业的运营中，发现跟明星娱乐行业相关的热点，往往能够带动服装、日用、食品等大类的增长，但是这种增长没有较强的数据依托，因此也是见仁见智。毕竟对很多运营来讲，蹭热点更多是为起号阶段做准备，而非在常规运营阶段一味地蹭热点——这很明显是不太对的。

在小红书运营理论体系日趋成熟的今天，关注所谓的"蹭热点"产生"爆款"的往往都是新手，但并不代表老手不会追求"爆款"。这里就引申出一个新的概念：蹭热点不等于爆款。也就是说，很多爆款都是行业内爆款、圈内爆款，或者说只是小范围的热点，而非广泛的社会热点。因此我们接下来要说的爆款，更多关注领域内热门的产生逻辑。

## 二、小红书热门爆款的产生过程

前面我们讲过小红书热门爆款的产生原理，那个是后端原理，也是底层逻辑。对于新手来讲，更能够落地的方法是通过前端原理，也就是操作逻辑描述小红书热门爆款的产生过程。接下来我们将通过一些具体的案例列举描述小红书热门爆款的产生过程。

### （一）案例 1：随手拍照的笔记成为爆款

如图 3-1 就是一篇小红书爆款笔记案

深圳地铁今天又多了一个伤心的人#开工大吉#深圳地铁

**图 3-1 小红书爆款笔记案例截图 1**

例截图，这个笔记内容非常简单，就是地铁上拍到的一个座位上掉落的红包。某博主做小红书两个月，一直都是只有十几个点赞，某日看到有人在地铁上发现其他乘客遗失新年红包，于是拍照配文"深圳地铁今天又多了一个伤心的人"，不久后该笔记就获得一百多个点赞。他没想到这么简单的内容也能成为爆款，这几乎颠覆了他的认知——这跟网上说的复杂的上热门体系也完全不一样，毕竟这种内容创作没有任何技巧可言，除了一张随手拍的图片，就只有那句"深圳地铁今天又多了一个伤心的人"的调侃式文案，以及"＃开工大吉""深圳地铁"两个标签。是这两个标签有较大的流量？还是这个形式的内容在小红书上很受欢迎？

于是他准备如法炮制发布同类笔记以验证他的猜想。正当他为找不到素材发愁的时候，次日他便在地铁上看到有人遗失物品，于是他照猫画虎也发了一个笔记。图 3-2 是他随手发布的笔记，配图是一张

乘客遗失物品在地铁座位上的图片，拍摄角度和他看到的深圳地铁那张几乎完全一样，加上文案"杭州地铁今天又多了一个伤心的人了"。没想到这条笔记竟然在几天内获得 600 万次播放、2 万个点赞、5000 多条评论……评论区下大家基本在诉说自己的伤心和不幸的遭遇，这等于引发了集体共鸣。

图 3-2　小红书爆款笔记案例
截图 2

实际上，这种爆点很符合第一章中描述的小红书算法原理，也就是在"一人火万人模仿"的前提下，产生了"模仿的人可能更火"的效应。这个在泛热点上几乎普遍存在，缺点是可遇不可求，只能依靠自己的网感。

如果自己没有那么好的网感，其实也不用着急，只需要本着"借鉴"的心去做，实在不行就多拆解借鉴几次同类内

容，只要避免抄袭的嫌疑、规避版权问题，正常借鉴都是没问题的。而合理的借鉴也可以把偶然上热门的低概率事件变成高概率事件。

事实上，这种案例对于普通小红书创作者来讲更加接地气。而且这个流程一旦熟练掌握，就可以找到近期的一些热门笔记，直接让 AI 生成类似的图片，用矩阵发布之后如法炮制，很容易就能收获一大批热门的笔记。一个账号一旦有了热门笔记，无非三种结果：一是不懂运营，上了一次热门之后，后面每条内容还是十几个点赞，没有任何改观，热门也没有创造任何经济价值；二是一开始就规划好带货，这一波热门足以收割数万甚至数百万带货收益；三是规划了长期引流，并且后续都将生产垂直内容，该账号将从这个热门开始"起飞"，从此就获得阶梯爬升的流量，并且能够按节奏获取收益。

## （二）案例2：对比式图片成为爆款

某美妆博主辛苦运营小红书账号一年，每次都输出大量的干货，而且她看到大量美妆热门笔记都是陈列式内容，就是把不同的化妆品放在一起归类，或者把不同的肤质放在一起归类，从而列举不同的使用情况。但基本上每篇内容都只有几个阅读和零星几个点赞。按照网上说的"参考热门内容、借鉴热门内容"，为什么没有用呢？实际上，她的模仿其实只是借鉴了表面，属于是照猫画虎画成了小狗，所以要理解深层次的原因。

原因1：真正的美妆类知识科普的底层其实还是在传递用户并不熟悉的东西，也就是人们常说的"新鲜、猎奇"，如果定位于大部分人都已经知道的知识去做陈列科普，哪怕模板再热门、内容制作再精美，也很难上热门。

原因2：其实真正上热门的底层逻辑就是"新鲜、猎奇"，而这两个字有很多解释，根据每个博主的实际情况可以延伸。比如这位博主是颜值博主，还有一位可爱的女儿，光这两点其实就占据了很多流量位，比如"可爱的女儿""好看的妈妈""颜值"等，这些都是跟美妆行业关联性非常强的标签，要善于利用自身的优势标签，而不是一味地做表面科普。

随后，这位博主调整了方向，找到一个更适合自己的模仿对象，利用"女儿皮肤对比"的噱头做笔记，如图 3-3 所示的案例，这位博主的笔记封面主图采用一个小姑娘皮肤黑白对比模拟出"清透奶油肌"的夸张使用效果。虽然这张图很明显经过修图，被大部分网友识破并且被调侃，但并不影响这个笔记成为爆款，并且吸引了不少用户的观看。

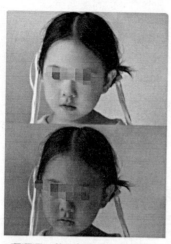

啊啊啊！终于知道这种清透奶油肌怎样调啦！！

♡ 2563

图 3-3　小红书爆款笔记案例截图 3

她按照这个内容借鉴了一个类似的笔记，并在征得自己女儿的同意后，使用自己女儿的照片做了一个类似的对比，发到了小红书上。当天，她发布的笔记就爆了几千个点赞，评论一千多条。随后她更是推出"女儿和妈妈护肤系列"，开始在内容垂直上发力，现在已经是平均每篇一千多点赞、小红书美妆带货日销售额 2 万元以上的博主了。而且根据这个账号的运营经验，她还将开辟更多的小红书账号，甚至准备进军抖音，形成自己的自媒体创业矩阵。在这个过程中，她始终是一个人，正常纯手动运营时间肯定是不够的，但是有了 AI 的辅助，这一切就变得异常顺利。实际上，她身边很多人创业都是因为人工成本导致亏损。现在她计划最多找两个人参与运营，加上她自己共 3 人，就足以支撑小红书体系 10 个标准账号的运营，日营业额目标至少 10 万元，利润在 1 ～ 2 万元 / 天，这个收益还是非常可观的，而且抗风险能力极强。

## （三）案例 3：大众喜闻乐见的开放式话题上热门

南京一位网友在知乎上跟我结识后，对新媒体产生了强烈的兴趣。过去他从未做过小红书运营，甚至其他新媒体平台都没有运营过。现在他想通过这个行业打造个人 IP，然后通过个人 IP 进行带货。目标明确后，他开始根据我的方法与技巧锁定自身的定位。

最终，他确定了"开放式话题"的上热门方式。

什么叫作"开放式话题"呢？如图 3-4 所示，有网友发布了一个简单粗暴的笔记，笔记中只有一张直接用手机拍摄的计算机屏幕上的图片，图中的文字是一个很有意思的话题：

面试官说："团队里有有远见的鹰、善战的狼、忠诚的狗，你觉得你属于什么？"你会怎么回答？

这条笔记很快吸引了 3000 多条评论，因为这个话题很符合年轻人的趣味话题特征，因此在广泛的讨论下，带火了这个话题。

这个话题其实包含了很多网友喜闻乐见的标签：一是带有"职场""面试"这类标签；二是带有"狼性文化"这类在年轻人群体中讨论比较广泛甚至带有一定争议性的话题；三是随手拍的一张图，没有任何技术含量，甚至画质有些差，但也符合一部分喜欢阅读生活化场景的内容的需求。

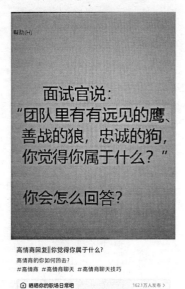

图 3-4　小红书爆款笔记案例截图 4

很明显，这种话题非常容易引发网友的讨论，尤其是小红书这个以 18 ～ 25 岁的年轻人群体为主的平台，对"求职""面试"等话题非常敏感，他们热衷于讨论，因此也给这个话题带来了较大的流量。这类话题往往会在讨论中获得热门流量，甚至成为热搜级爆款。这里的"热门流量"和"热搜"的最大区别就是：热门流量只是系统推荐、用户被动刷到的；而热搜则是在刷到的用户达到一定量级且一直保持较高的互动热情的时候，会牵动更多的流量出于猎奇心理加入，这个加入的方法大概率就是主动搜索，而主动搜索的人达到一定量级之后，我们称之为"热搜"。

热搜一般就是这样形成的。

所以运营的目的一般都是要获得"热门流量"，"热搜"则是可遇不可求的——毕竟"热搜"的流量量级远高于"热门流量"，而且在用户的目的和主动性方面，前者远高于后者。

从这三个案例来看，很多内容能够拿到热门流量，基本具备了"猎奇"的特征——反差也属于猎奇的一部分。一个内容从 0 到成为热门内容，甚至成为现象级爆款的过程，本质上并不完全靠运气，更多的其实是一种"谋划"，而且是那种成功的"谋划"。

因此，"谋划"才是"上热门"的正确态度，而大部分运营想要上热门，并没有明确的章法和科学的计划，因此"上热门"就成了"期待热门"，把命运交给了不确定性。

对于很多想要通过小红书破圈的企业来讲，这种做法无疑就成了"将企业的发展交给了不确定性"，甚至出现了"小红书能做就做，不能做也没办法"的声音。这其实是跟"不进则退"的商业原则相违背的。毕竟这个时代没有那么多机会让我们试错，无论是企业还是自媒体创业的个人，小红书这个赛道正在蓬勃发展，其中必然会迸发出很多机会，就如同 2012 年的电商一样，抓住了这波流量红利，就抓住了这个时代；抓不住这波流量红利，就等于失去了这个时代。仅此而已。

## 三、小红书爆款内容

### （一）爆款内容制作和发布的技巧

小红书爆款的前提是笔记要合规。我们先了解小红书笔记发布的基本规则。

#### 1. 图文规格

小红书 App 支持 1:1 和 3:4 拍照比例，上传照片则支持 3:4～4:3 的照片。上传相同尺寸的照片，由于照片的显示区域为第一张图片的区域，效果会更佳。小红书文案笔记字数限制为 1000 字，表情和符号均计为一个字符。

## 2. 视频规格

为了让小红书视频更加吸引人，建议使用小红书 App 拍摄视频，支持 9∶16 的格式。上传视频时，时长应不超过 3 分钟，大小不超过 1 GB（最好在 500 MB 以内），格式为 MP4。如果是小红书视频号的作者，可以上传时长不超过 15 分钟的视频。另外，为了吸引更多用户点击视频，标题应该有跟视频有关的关键词，并且尽可能在 10 个字以上。

## 3. 发布时间

小红书流量的高峰期有以下三个。

早高峰：7∶30—9∶30；午高峰：2∶30—14∶30；晚高峰：19∶30 之后。

之后要想抓住小红书"上热门"的运营主动权，创作者就必须熟悉小红书热门爆款产生的要素。

## （二）小红书内容的注意事项

（1）内容质量：发布的内容要有价值，可以是实用的攻略、有趣的经历、独特的主张等，提高用户阅读体验。

（2）尊重他人：遵守法律法规，尊重他人权益，不得侵犯他人隐私、诽谤他人等。

（3）原创性：发布原创内容，切勿抄袭、剽窃他人作品，以免造成不良影响。

（4）避免违规内容：不得发布涉黄、涉暴、涉恐等违法违规内容，遵守平台规定。

（5）适宜的广告：发布广告需遵守平台广告政策，避免过度广告化。

（6）与粉丝互动：积极与粉丝互动，回复评论、参与话题等，提高粉丝黏性。

## （三）笔记的收录

笔记能否被收录是笔记能否成为爆款内容的重要判断基础。当发布的笔记合规后，会进入系统审核阶段，在这个阶段有可能过审，有可能因为种种原因被拒审。哪怕是过审的笔记，也未必能获得收录。

当内容笔记发布以后，平台会识别内容的质量和原创度，质量合格以后就会被收录到公域，也就是平台可以直接搜到笔记内容。如果笔记搜不到，就是没有被收录，这时候一般建议修改重发。

修改一般包括以下几个方面。

（1）检查是否有明显的广告意图。

（2）检查是否有涉及政治的敏感词，如果有，那么不管有意无意，均需要删除。

（3）检查内容是否违背价值观、正能量原则。

（4）复制内容到百度上搜索，检查是否和网上存在的内容有较大重叠。

### （四）爆款的产生要素

小红书热门爆款的产生都有哪些要素呢？我们先来回顾一下前面分享的一些算法层面的逻辑。

（1）小红书内容必须切合算法，才能获得流量。

（2）小红书的内容获得一定流量后，如果互动率好、受用户欢迎，就可以获得更多流量。

（3）流量到了一定程度，就成了"热门流量"。

（4）热门流量在进一步堆积后，还可能成为现象级流量，也就是人们常说的"热搜"。

这一系列的逻辑其实就包含着小红书热门爆款的产生要素。当然，这些是大的流程框架，还有一些细节上的，比如封面要吸引眼球。那么封面有什么内容才可以吸引眼球？如果只是想做一个普通的引流笔记，偶尔获得几十、几百个点赞，那还算不上是"爆款"，因此封面是否吸引眼球、内容是否创新、逻辑是否足够闭环等，都没有太严格的要求。

"热门爆款"的目的不仅仅是获得流量，更重要的是获取收益。事实上，大部分流量根本无法获取收益，因此也不能把流量等同于获取收益。这就意味着，运营小红书，不能再单纯将目标定为做"爆款"，而是要做"能获取收益的爆款"。

在这些阶段中，AI 都可以发挥作用。具体的使用在第二章中已经有交代，这里主要提一下：一旦能够顺畅地验证这个模式，就需要尽快融合 AI 创作，这样最关键的是能极大提升创作效率，尽快获取收益，这才是现在小红书运营的正确方式。

## （五）小红书爆款的类别

根据不同的阶段需求，小红书爆款共有以下四个类别。

### 1. 泛流量热点爆款

一般是起号阶段拉动账号权重的，但是后续要规划好相关的运营，否则泛流量爆点这篇内容过后，账号流量又将恢复到之前的状态。

### 2. 引流高权重笔记

一般适用于矩阵引流，这种中小企业，尤其是创业公司用得比较多，一般是在小红书上引流到私域，然后通过私域成交，小红书只是一个引流窗口。

### 3. 小范围行业爆款

正常运营一段时间后的获取收益阶段常见的爆款，一般就只有几百个点赞。

（1）大范围行业爆款：通过 AI 大量炮制行业内容矩阵，获得大量爆款叠加。

（2）全平台人群爆款：在小红书平台上，基于符合自己产品的用户人群做全方位的触达，这种必须使用 AI 加持，否则人工效率很难达到要求。

### 4. 爆款条件的分点概括

基于以上概述，这一小节要分点概括小红书爆款的产生条件。如表 3-2 所示，爆款类别分为泛流量热点爆款、引流高权重爆款、小范围行业爆款、大范围行业爆款及全平台人群爆款五种。这五种爆款适合不同的运营阶段，获取收益性也依次增强。同时，不同运营阶段对封面、标题和内容的要求是不同的。在运营的过程中，需要针对实际情况进行对应的调整，才能最大程度地接近爆款打造的基础条件。

表 3-2　小红书爆款产生的条件

| 爆款类别 | 适合阶段 | 收益性 | 封面要求 | 标题要求 | 内容要求 |
|---|---|---|---|---|---|
| 泛流量热点爆款 | 起号阶段 | 差 | 以图文为主，封面要结合热点，如过年期间的新年红包 | 标题要有讨论性、争议性，具备明显的圈子语言特征（算法加持） | 内容要贴合标签、有利于关键词搜索匹配、文字排版清晰① |
| 引流高权重笔记 | 矩阵模式 | 优 | 以图文为主，产品种草科普型的架构为主 | 结合 SEO 搜索，能够让用户通过关键词搜到 | 要有令人印象深刻的干货，且一篇内容不要堆砌过多干货② |
| 小范围行业爆款 | 收益阶段 | 中 | 以图文为主，封面风格和同类热门笔记类似 | 标题需要直击痛点 | 内容不要太刻板，最好用故事引入 |
| 大范围行业爆款 | 收益阶段 | 优 | 以图文为主，封面要有非常有识别度的耐看图片，比如高颜值美女 | 标题需要带有痛点并满足明显的反差逻辑、圈子语言特点、争议性、热议性 | 内容需要有一定的内涵，跟标题结合紧密，且标签明确、垂直、全面 |
| 全平台人群爆款 | 爆发阶段 | 极优 | 以视频③为主，视频素材中元素客体有新鲜事物 | 标题需要带有一些热门元素，比如"彩礼"，但要有正确的价值观 | 争议性内容要尽可能客观，并且最好是故事视角 |

---

① 小红书的文字内容一般都有明显的表情包穿插，但是一般不建议过多使用表情包，否则排版会不清晰。一般清晰的小红书排版是开头一段有一个表情包，来代表这一段的主要内容。另外可能关键字眼用表情包代替。

② 现在互联网风气就是：大家嘴里都喊着要干货，但是如果内容干货太多，大家又不爱看了，看着一堆内容就烦躁——毕竟互联网娱乐才是主流，大家都不喜欢思考。所以最好就是一篇内容一个干货，这样用户才会觉得自己真的"学到了"，而且能看下去，才能产生更好的互动。

③ 一般小红书到后期阶段，大流量的内容基本以视频为主，尤其是短视频。

## 四、小红书热门爆款的风险性警告

### （一）热门爆款的"产生"和"炮制"

我们看到别人上了热门，自己也想上。其实有助于小红书上的热门除了上述的"小红书热门爆款产生要素"，还有一种就是"小红书热门爆款炮制要素"。两字之差，区别在哪里？从字面上理解，"产生"其实就是按照正规流程、正常标准运营，然后通过死磕运营做出来的结果；而"炮制"明显就是不走寻常路、追求捷径的一种运营策略。

我们常说"吸引眼球"还算模棱两可，但是"博眼球"就有点贬义了。因此"炮制"和"博眼球"都带有一定的贬义，甚至在互联网相关法律出台后，这种带有一定贬义的做法，经常游走在灰色地带，甚至有违法犯罪的风险。

本书自然不可能倡导大家去游走灰色地带，更不提倡大家去做有违法风险的事情，但是我们必须全面、透彻地了解小红书的热门爆款是怎么炮制的，又是怎么复制的，只有这样才能真正全面了解小红书的运营，进而了解"什么该做、什么不该做"，在充分衡量后，给自己制定一条运营的底线标准。

在互联网相关法律面前，运营底线标准就是运营红线，是一定不能逾越的，大家一定要注意。

以下是小红书平台关于运营红线的公告。

**小红书开展"清朗·规范重点流量环节网络传播秩序"专项行动**

为营造清朗网络空间，切实履行企业责任，小红书积极响应中央网信办工作要求，自即日起开展为期三个月的"清朗·规范重点流量环节网络传播秩序"专项行动，重点针对以下突出问题进行治理：恶意歪曲解读国家重要方针政策，传播不实信息；以博眼球营销为目的，借极端事件蹭热点；炮制耸人听闻的标题，严重题文不符；恶意剪贴拼凑事件、时间、地点、人物等重要新闻要素，发布并传播虚假新闻信息；假冒仿冒"新闻主播"发布信息，误导公众。小红书将加强PUSH弹窗等重点流量环节治理，全面排查处置违规账号，不断规范

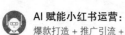

平台传播秩序。

这个公告的背后，其实是小红书平台上已经存在以下几种恶劣的热门炮制现象。

（1）歪曲国家重大方针政策，传播不实消息。

（2）蹭极端事件的热点，肆意博眼球，如武汉暴雪等事件的恶意评论。

（3）恶意剪辑，混淆视听，相当于造谣。

（4）假冒新闻媒体发布消息。

以上是"炮制"重灾区，虽然特别容易获得大量的流量，但无疑是有极高的违法犯罪风险的，因此即便这些方法能够获得大量流量，运营也是坚决不能碰的。

这些炮制现象其本质就是"想要走捷径，不想努力"。市面上也不缺乏"唯结果论"，背后这些非法获取流量的人员神秘兮兮地表示自己是"拿到结果的运营高手"，并且大肆收费教学。作为运营人员，一定要擦亮眼睛，有自己独立的判断和意识，切勿通过非法运营途径获取流量。

此外，极端事件的流量尽量不要去蹭，因为"翻车"的风险极高。有可能某句话说错了，就会导致受到舆论的攻击，甚至言论都会被歪曲。而这些所谓的"蹭热点"，极难把握尺度，即便本心是善意的，最终经过用户的解读后，跟我们描述的"炮制"有可能只有一墙之隔，甚至边界随时会被打破。

因此流量是一把"双刃剑"，它既可以让你获得商业上的收益，又有可能因为你不能很好地驾驭导致流量反过来牵制运营，甚至产生极其不利的负面影响。

因此企业运营小红书除了有"获得流量"的目的，更应该有对品牌赋能的战略规划。

## （二）"谋划"和"炒作"的边界

多个热门爆款内容组成一个内容话题，对于热门爆款内容的"产生"和"炮制"，热门话题也可以分为"谋划"和"炒作"。

一般认为，"谋划"是一种合规的热门话题策划，而"炒作"则是擦边甚至非法的热门话题策划。有些社会影响比较恶劣的热门话题炒作，甚至有可能违反法律的相关规定。

我们在运营小红书账号的过程中，一定要遵守相关的法律规定，确保运营的合法、合规。因此有些有不合规风险的热点，我们一定要谨慎参与，谨慎讨论，谨慎策划。而一些明显会触及相关规定的"炒作"性热点策划，我们则要坚决杜绝。即便没有违反法律规定，在道德层面引发公众反感的热点策划，也会被认为是"炒作"。

总之，"炒作"更多的是贬义的，我们要尽可能避免。一般"炒作失败"在网络上会被称为"翻车"，其对企业品牌和个人声誉都有可能造成负面的影响。

## 第二节　小红书人群爆款公式

大家都知道数学公式，那什么是"爆款公式"呢？

举个例子：好看＋好玩＝有流量，这就是最原始的"文字公式"的逻辑，而"爆款公式"就是这种文字公式的分支。事实上，爆款公式就是"达到了什么条件＋又达到了什么条件＝可以获得什么"。

### 一、五种需求的小红书标题公式类型详解

标题是非常重要的，标题就是文章的题眼，好的标题能够吸引别人点开笔记。一篇爆款笔记，标题对增加点开率所占的比重可以高达70%。

我先给大家整理了5条爆款标题公式，这五个爆款的公式是我收集上千篇爆款笔记总结出来的，非常实用，可以不断地改变，增加笔记的点开率。

#### （一）有多便宜

最受欢迎的关键词就是"平价""低价""白菜价"这些词。往往

很多年轻女性对于价格是比较敏感的，尤其是实惠又漂亮的衣服。

标题公式举例：

99 元以内可以拿走一套 | 连衣裙推荐

女孩私藏宝藏 | 平价连衣裙

均价 70 元的基础款 T 恤推荐 | 穿出百变时髦感

## （二）什么样的人

人群的定位越清晰越好，如微胖可爱女孩、性感御姐、小萝莉等。

标题公式举例：

学生党白菜价店铺　　|　　169cm 女孩高个穿搭

性感御姐必逛 10 家店铺　　|　　绝美衬衫推荐

小萝莉　　|　　基础叠穿技巧

160/150 斤中个女孩　　|　　一周穿搭合集

## （三）去哪里要用

举个例子，跟男朋友约会时穿的，同学聚会时穿的，去男朋友家穿的，冬天穿的，夏天穿的，当介绍产品运用这些词时，很容易让客户脑海里浮现出画面感。这样会很快吸引客户的注意，唤醒她们的需求。

标题公式举例：

点场景　　|　　标题

甜蜜约会必备　　|　　男友看了更心动系列

同学聚会必穿 5 件外套　　|　　美到同学认不出来

复工一周穿搭

年底聚会连衣裙　　|　　仙女裙图鉴

## （四）有什么用

穿上这件衣服之后，有什么效果？舒适度怎么样？比如减龄、运动、显得瘦身、有气质等。

标题公式举例：

| 点功能 | 标题 |
| 休闲时尚风 | 一秒变成酷酷的女孩 |
| 让直男以为才 18 岁 | 减龄风 |
| 做的小软糖 | 初恋女孩必备 |

## （五）有多少种（什么季节或者场合）方案

最直接的数字表达，让人看标题就有想点进来看笔记的欲望。
标题公式举例：

| 数字类 | 标题 |
| 5 种夏日清凉衬衫 | 酷酷的穿搭 |
| 私藏的 9 家平价又好看的店铺 | 超美少女装 |
| 55 套羽绒服 | 瘦身保暖 |

上述这些公式都是从大量热门笔记案例中概括来的，但这些公式并非具有唯一性，而只是其中一种或多种可能。在实际操作的过程中，可以通过举一反三得出更多的公式结论。

## 二、各类人群的内容爆款公式

针对不同群体的内容公式是不能套用的，它不像标题公式那样几乎每个行业都通用。毕竟标题一般只要实现"吸引人"的目的就可以，而内容是要真正地让用户认可、产生互动的。

接下来，我们针对母婴人群、大学生群体、中年高消费群体、下沉市场这四个小红书平台最主要的人群所匹配的爆款内容公式一一进行深度解析。

### （一）母婴人群的内容爆款公式

母婴人群的爆款笔记很明显有特殊的行业特点，因为这个人群追求的都是孩子的日常养育问题，也延伸到备孕、产后护理等问题。基于这个特点，我对于母婴人群的笔记做了专门的研究和分类整理，以进一步细化运营，并且跟通用的公式有所区别。

母婴群体主要的关心点：孩子的健康问题、育儿的避坑问题、育儿的健康常识、母婴用品优惠指南和使用指南、孕妈自身问题（包括备孕、产后护理等）。

由上述母婴人群关心的问题，也就是痛点问题衍生的类目爆款内容，主要包括如下几种。

### 1. 宝宝不适的六大表现

公式：人群痛点（宝宝／宝妈）＋问题罗列＋原因分析＋解决方案

一般来讲，母婴类目的用户大多数都是新手宝妈。既然是"新手"，自然需要学习一些"新的知识"。因此很多干货在这个类目是比较受欢迎的。而小红书上的"干货"更多的是罗列式的，比如"宝宝必备用品三大类型""宝宝厌奶六大表现"等，这些都是基于问题痛点＋问题罗列引入的，在用户心智中这种公式默认就是给讲干货、讲方法、讲技巧的。而这种架构比较直观，我们在展示的时候也尽量把内容做成图片，直接发布，文案则一般不要具体讲"宝宝不适到底有哪些表现"了，而是让用户通过图片就可以把内容读完，随后就可以收藏、保存、分享，还有一定比例的点赞，这样内容的互动模型就上去了，流量自然也就上去了。

如果把"宝宝不适的几种表现"直接写成文字，然后配图只是一些宝宝的照片，那这种内容大概率是没有流量的，毕竟宝妈一般不会有太多耐心去看一堆文字，这也不符合互联网浮躁的风格，更不符合小红书的风格。因此，这类内容搭配这类公式的表达形式，一般都是要求干货内容直接做成图片，而且图片的背景颜色要以浅色为主。至于为什么是浅色，因为宝宝和宝妈哺乳期都对深色比较敏感，科学研究也表明深色系的色彩对宝宝和哺乳期的妈妈刺激都比较大。实际上，市面上的宝宝衣服、用具都是浅色系的，也印证了这一点。

### 2. 孩子不是吞金兽，这些东西根本不用买

公式：颠覆认知＋新结论＋原因＋育儿购物指导＋清单罗列

这种类型的内容仍然是罗列式为主，但是方向上更加倾向于"购物避坑"，意在建立"我是一个普通的分享者，站在你的立场上想问

题，帮避坑，我可信"的人设。

这种人设有利于更好地种草转化，也利于前期的种子粉丝积累和黏性粉丝的培养。

孩子不是吞金兽＝颠覆认知，因为平常大家都喜欢说孩子是吞金兽，养孩子要花很多钱。这里就给出一个完全不一样的观点，而互联网时代人们一旦听到跟自己认知不一样的观点，很容易就被重新教育。

而"这些东西根本不用买"，就像是处心积虑为你着想的好姐妹的角色，生怕你乱花钱，这种人设是非常温暖且可信的。在物欲横流的今天，这种角色现实中已经很少存在了。加上人们本身对人设有着完美主义的刻板印象，就算真的有那样的角色存在于现实生活中，也会因为这个角色偶尔的犯错而坍塌。举个例子：从小王备孕到孩子两岁期间，热心的邻居张大妈就给小王提出了不少有用的建议，并且真心为小王避开了很多坑。案例说张大妈就是"真心为小王着想的好人"，也是一个"好大姐"的完美人设。但是张大妈毕竟也是普通人，是普通人就会有自己的利益诉求。而在长期相处的过程中，张大妈在跟小王打交道的时候难免会有意见相左，或者因为维护自己的利益产生的一些小摩擦，本来这是非常正常的事情，但是在小王眼里，张大妈很明显就"没那么好"了。于是小王和张大妈产生嫌隙也是必然的——除非两人打交道并不多且都深明大义——但在现实中这样的情况很明显并不多。

回到小红书的母婴类目，例如母婴博主就是要树立这样一个"好大姐"的人设，并且由于跟用户没有日常生活交集，所以正常来讲这个人设符合用户心中理想的完美形象。因此只要没有出现严重的公关危机，这种信任就能赋予这个账号并且持续下去，接下来带货和种草，都是顺其自然的了。

可以说，这类公式更多的是建立人设。当然，并不是说这类公式只能建立人设，也有人用这类公式带货，带货逻辑就是"那些东西根本不用买，只要买我推荐的这几种就行"——当然，这毕竟会有比较强的营销性，还是会引发部分用户反感。

因此，在账号长期经营的维度上，我们还是建议这种公式的使用目的纯粹一些，就是为了设定人设，不建议"既要树立好人人设，又要做坏人营销带货"——是的，从用户朴素的情感上看，营销带货的就是坏人（这句话放在广泛的底层人群中非常容易理解，但是比较乐于接受营销的人群可能对此无感）。就像早年我常在老家听到这样一句话——做广告的都是坏人，都想骗我买他的东西，如果他的东西好，根本不用推销。后来在 2023 年的知乎中，我时常能在评论区看到这样的声音。

### 3. 宝宝 1～10 个月最怕什么

公式：人群（宝宝／宝妈）＋时期＋最怕什么

这种类型的内容比较特殊，它的逻辑是：先通过宝宝发育的过程图片吸引人→一旦宝妈看到宝宝一步步发育的过程就会变得耐心起来→这时候就可以通过标题提出问题＋图片吸引人＋文案揭示答案的组合留住用户。这种笔记的用户停留时间往往比较长，对账号数据也是比较友好的，因此对于冲刺爆款、评论区广告等有营销目的的内容也是比较友好的。实际上，很多商业广告也会采用这种内容打底，进而在小红书上实现自己的营销诉求。

这个内容其实有贩卖焦虑的意思，就是"你的宝宝成长的各个阶段需要注意什么"，这个问题搞清楚了吗？如果没有搞清楚，有没有可能不经意的一个动作，就会伤害到宝宝？那太可怕了！于是这种内容会让用户非常容易停留。当然，实际的说法也要科学，不能胡编乱扯，那样有可能违反法律和相关规定。比如"一月宝宝怕热、二月宝宝怕药"之类的说法，虽然看起来好像并没有什么科学依据，但是这个意见看起来也是人畜无害的。最起码引流的目的达到了，宝妈看着也感觉好像是那么回事，如此大家皆大欢喜。这个公式的目的就在这里。

其实更重要的是，这类内容的图片一定是用宝宝成长的过程图来让宝妈们普遍焦躁的内心平静下来，因为人类的母性决定了，她在看到宝宝一步步成长的过程记录的时候，就会变得更有耐心，且更愿意去思考，包括回忆、展望以及付出一些精力和时间学习。哪怕人均只付出 20 秒去学习这个内容，那也是相当不得了的——要知道现在每个小红书笔记的人均停留时间也就 5.7 秒左右，能多留住用户一秒，就相当于高考多考了一分，一下子就超过了很多人。

### 4. 用完就丢！这些宝妈必备的用品一定要知道

公式：方便性描述＋人群（宝宝／宝妈）＋必备用品＋强定义

宝妈的耐心很容易被各种琐事消磨，加上一些生理反应，宝妈会变得更加急躁，所以宝妈普遍怕麻烦、图方便。在这种情况下，"方便性描述"的公式就一下子击中了宝妈们的内心。一句"用完就丢"，能够吸引不少的宝妈的眼睛。加上"划算""必备"这类字眼的暗示，种草效果拉满。

这种公式比较适合起号成功后的运营获取收益阶段，是直接带货的逻辑，一般针对具体的产品，尤其是纸尿裤等产品。虽然纸尿裤的发明已经有一些年头，一次性纸尿裤的概念也深入人心，但是一句"用完就丢"还是让宝妈很心动的，甚至她们一开始根本就反应不过来市面上所有纸尿裤都是用完就丢的。那一刻总觉得种草的这个纸尿裤会更好，甚至"用完就丢"都成了其特点之一。能够把产品的通用主打特点拿出来大声再念一遍，强定义式植入用户心智，这就是营销的最强公式，虽然简单又没有太多技术性，但就好在普遍且实用。

### 5. 我只是生了个娃（但并没有影响我继续美丽）

公式：定义＋痛点＋反差

这里的"定义"就是告诉用户，我是宝妈，我生了个娃。随后就是"反差"，因为虽然怀孕的时候我大肚子身材走样，但是产后 4 个月我马上就恢复了魔鬼身材！

产后身材走样怎么办？这也许是所有宝妈最焦虑的问题了。抓住这个问题的核心点，就可以直接套用这个公式，从痛点上打标签，然后直接给用户看结果：结果就是，产后 4 个月我仍然是魔鬼身材。效果呈现就是最好的广告，在这个公式下，创作者大可以肆意植入产品。这也是最简单粗暴的种草公式，比较通用，新手必备。

以上几种公式的逻辑其实非常适合 AI 批量制作，因为 AI 生成这样的对比图是相当容易的。

## （二）适合大学生群体的爆款内容公式

大学生群体是小红书中绝对不能忽视的群体。他们的购买力可能并不高，TGI（目标群体指数）①也是所有主流群体中最低的，但是他们的内容扩散力非常强。做互联网运营，除了追求单一的业绩，更要注重内容的扩散，因为只有内容扩散面更大，我们才能获得更多流量，才能有更多的业绩。

大学生群体是衔接中老年（父母辈）和中青年（哥哥姐姐叔叔阿姨辈）以及晚辈（外甥侄子辈）的重要桥梁。由于大学生时间充裕且熟悉互联网规则，不少大学生都是互联网资深玩家，甚至还有一些大学生有庞大的粉丝群体，在互联网上能掌握更大的话语权。因此大学生除了在家庭群、朋友圈等社交平台直接触达各种群体，还能在大数据上带来流量溢出。比如一个搞笑段子深受大学生喜欢，10个大学生有7个点赞，还被转发了20次，这样的内容会被系统认为扩散力很强，于是系统会扩展这个内容的人群，进一步推荐这个内容到中老年群体、宝妈群体等，这个内容也就因此获得了更大的张力。

### 1. 第一次求职失败，第二次求职成功了

公式：第一次失败＋原因＋第二次成功＋原因

在求职、考公等领域，大学生跟职场人士存在大量的重合。这类内容往往由大学生带爆，才有机会面对整个职业教育市场。

这个公式最大的特点就是用简单且强烈的反差对比第一次的失败和第二次的成功，那么用户肯定想知道成功的原因，尤其是求知欲拉满的大学生。而好玩的表情包则让系统更倾向于分配大学生流量的锚点②和

---

① TGI 指数是市场研究中常用的一种指标，是反映目标群体在特定研究范围内的强势或弱势的指数。TGI 指数超过 100，意味着某类客户更具备相应的倾向或喜好，标值越大则倾向和喜好越强；低于 100，则表明此类客户有关倾向较差。

② 锚点是指在网页中设置的一个特定位置，通过点击该位置的链接可以跳转到其他页面或者同一页面的不同部分。它通常用于导航栏、目录或者页内链接，方便用户快速定位所需内容。这里的锚点指的是大数据推送中，会链接特征类似的内容到相应的人群。比如遇到带有搞怪的表情包内容，大数据推送会链接到特定的群体，这个群体主要是大学生。

细粒度[①]。而这种内容基本是针对大学生量身定制的，希望基于大学生群体进行扩散，其风格也比较符合大学生的思考逻辑。实际上，很多创作者并不懂这些专业知识，只是凭借自己的"网感"进行撰写，但恰恰就是这种网感切中了算法的核心逻辑，获得了更大的流量。而创作者在模仿热门内容的时候，虽然不知道底层逻辑，但是照猫画虎也能做出类似的内容，以此获得相应的流量。

如图 3-5 所示，该笔记标题是"救命！第二次我终于上岸了！"配图是"第一次考试是啃书，第二次考试是用野路子"，从第二次的分数来看，很明显第二次通过了。第一次考试和第二次考试相对应的表情包也非常有喜感。

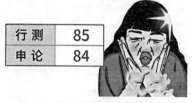

图 3-5　小红书封面典型案例——
　　　　大学生群体

此外，我们还可以看一个跟大学生群体有关的案例，标题是"2024 省考学习计划"。标题公式为：人群定位 + 计划。

参加 2024 年省考的人就精准定位了 2024 公考省考的人群，然后一个"计划"直接锁定了学习计划的关键词。这时候之前搜索过、浏览过、点赞过这类话题的用户，都有机会收到这个推送。当然，这个用户群体还是以大学生为主。接下来的内容要符合大学生的风格，才能进一步扩散。

要知道学生时代这种书写体基本是大家比较推崇的"学霸笔记"，所以按照这个风格制作内容，再套用简单的"人群定位 + 计划"的公

---

① 细粒度：细粒度是一个计算机编程术语。细粒度模型，通俗地讲，就是将业务模型中的对象加以细分，从而得到更科学合理的对象模型，直观地说，就是划分出很多对象。基于定位—识别的方法将细粒度图像识别分为两个部分：区别性区域定位和区域中的细粒度特征学习。

式，直接就能拿下这一波流量。不过这里只是给出一个参考，大家在运营的过程中，完全可以让 AI 参考这类计划给制订，毕竟 AI 是做计划的高手。就算没有这种手写体，只要 AI 生成的计划像那么一回事，那么这个内容仍然是成功的。

并不是每一个好的笔记都会成为爆款，因此我们要做的就是做更多的内容，一次次冲击算法，总有几篇会冲出算法重围，踩中爆款逻辑。有 AI 的辅助，我们能在短期内大量生成内容，从而就有大量内容冲出算法重围，获得更大的流量。这个逻辑在这里尤其适用。

### 2. 考过公才知道的"坑"

公式：经历＋才知道的坑

网络上流传着这么一句话：大学生纯澈而愚蠢的眼神里，饱含着对未来的担忧。这个担忧里包括"担心自己踩坑、走弯路"。因此，如果有避坑指南，大学生都会看一眼。"过来人的经验"一度在知乎等社区长期占据热搜，阅读量上亿。在实际生活中，大学生也特别渴望过来人的经验分享，并且他们愿意将听来的分享再次分享给自己身边的人。于是只要我们使用了这个公式逻辑，就特别容易获得来自大学生群体的扩散。尤其是我们在做求职、考试类的话题的时候，几乎每一个职场人司空见惯的常识，都可以拿出来成为大学生的"入世宝典"。

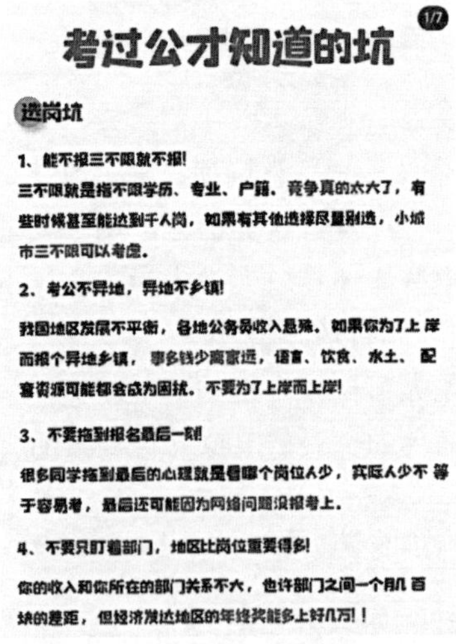

基于考试逻辑我们接着延伸讲一讲公务员考试的爆款逻辑，公务员考试也是流量极大的一个话题，很有代表性。小红书公考案例截图如图 3-6 所示，标题是"考过公才知道的坑"。

但由于时代发展比较快，各种"坑"也层出不穷，而大学生接受新

**考过公才知道的坑**

**选岗坑**

**1、能不报三不限就不报！**

三不限就是指不限学历、专业、户籍、竞争真的六六了，有些时候甚至能达到千人岗，如果有其他选择尽量别选，小城市三不限可以考虑。

**2、考公不异地，异地不乡镇！**

我国地区发展不平衡，各地公务员收入悬殊，如果你为了上岸而报个异地乡镇，事多钱少离家远，语言、饮食、水土、配套资源可能都会成为困扰，不要为了上岸而上岸！

**3、不要拖到报名最后一刻！**

很多同学拖到最后的心理就是看哪个岗位人少，其实人少不等于容易考，最后还可能因为网络问题没报考上。

**4、不要只盯着部门，地区比岗位重要得多！**

你的收入和你所在的部门关系不大，也许部门之间个别几百块的差距，但经济发达地区的年终奖能多上好几万！

**图 3-6　小红书公考案例截图**

信息的渠道日益增多，很多所谓的"坑"，大学生已经了然于胸，这种"老坑"已经不足以引发大学生群体的特别关注了。由于 AI 本身在这方面的知识输出上过于宽泛，因此我建议在使用 AI 生成这类内容的时候，最好不要直接问 AI"求职路上有什么坑"或者"考公路上有什么坑"之类的问题，而是要直接去搜索有关的帖子、笔记，然后直接让 AI 去学习，甚至模仿都可以。毕竟这类内容只需要套用公式生成一个新的图片，甚至只需要换一个图片背景版式和字体样式，内容都是大同小异的，就这样已经足够获得小红书的大数据充分推荐了。毕竟如果创新太多，浪费时间不说，也有较大的不能获得推荐的风险。

也就是说，这类避坑指南一般都是用网上真人写的已有的内容作为底层素材，而 AI 只是以伪原创的方式生成新的图片而已，内容上大可不必太过多篇幅创新。

如果需要做一些创意，不妨让 AI 根据这些避坑指南创作一些故事，这种故事更能吸引人和引发共鸣，从而获得更大的流量。

### （三）中年高消费群体适性的爆款内容公式

在许多高利润、高客单的类目中，包括家装家居、户外、保健食品、汽车、数码等类目，中年群体的 TGI 是相对所有群体中最高的，也就是说，中年群体的消费力可以说是最强的。如图 3-7 所示，这里选取了一个比较热门的通用数据，这个数据表明，41 ～ 50 岁年龄群用户的占比虽然不是最高的，但是 TGI 指数是远高于其他年龄段的。

因此这些类目要想在小红书上获得精准的流量，更重要的是瞄准中年群体，内容也要更符合中年群体的喜好。而中年群体的内容偏好跟我们前面描述的母婴群体、大学生群体是很不一样的。

中年群体的内容偏好有如下特点。

（1）中年群体大多不太能理解网络语言、网络热梗。也就是说，以网络热梗为主要表达形式的小红书主流风格，并不适合中年群体。

（2）小红书主流群体也都是青年、少年，中年人群的比例并不大，只能算非主流。

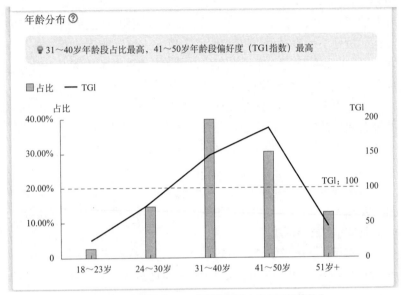

**年龄分布** ⑦

💡 31～40岁年龄段占比最高，41～50岁年龄段偏好度（TGI指数）最高

图 3-7　不同群体的 TGI 指数数据图（来自巨量算数）

（3）在小红书数亿用户的体量下，加上小红书在百度搜索上的高权重，哪怕只有 5% 的比例，中年群体在小红书这个平台上仍然有一个庞大的数量基数。因此我们在小红书这样的年轻人的平台上开辟一条适合中年人兴趣偏好的路，才是我们这些对应类目的制胜之道。

下面我们直接看几个具体案例。

图 3-8　小红书案例截图 1

**1. 三十几岁了，还纠结考不考公务员？别矫情了**

公式：人群＋问题＋批评定义

内容示例如图 3-8 所示，途

中一张夕阳背景的风景图加了一句话："三十几岁了，还纠结考不考公务员？别矫情了！！"

除了这个内容，还有类似"35岁以后的女人还不舍得花钱保养自己？看看她们就知道了！"

"骂醒中年人"，似乎成了最近网络的另一种风向。中年人的生活负担、失业和焦虑，逐渐让他们更多地参与互联网。而到互联网的第一件事，就是接受"挨骂文化"的洗礼。当下中年群体正经历着35岁失业危机、房贷和车贷的生活压力、孩子上学和教育的问题等，他们总担心自己的认知不够，因此对于网络上的新观点格外虔诚，也希望在网络上找到自己"跟上时代"的方法。"落后就要挨骂"的观念深入人心，所以中年人对待网络上对他们的吐槽格外谦虚，也愿意花时间学习。中年失意的本质也许是因循守旧的安逸，在意识到这一点之后他们很容易接受新的焦虑贩卖。而人群＋问题＋批评定义这种公式刚好就像毒品一样能够以"让你放松"的名义去"毒害"中年人，再现他们儿时被父母以"为你好"为由实施各种精神压迫的场景——他们似乎习以为常。

这个公式其实只是一个噱头，因为在吸引用户进来之后，内容怎么写，都可以完全交给AI——因为不管怎么写，满屏都是中年人的焦虑。一旦成功向中年人贩卖焦虑，就相当于成功抓住了这个人群的流量——无论是积累还是获取收益，都是掌握了主动权。

如果不想让AI写，可以直接就事论事。但是这种创作灵感很容易枯竭，而且不容易出爆款，所以要慎重。换句话讲，这种话题其实就是泛话题，它的目的只是让中年人觉得"说得有道理"，进而关注这个账号。一般这种公式下是不直接获取收益的，而是先积累中年人群的粉丝，给自己的账号打上正确的标签，随后在后续的笔记中植入广告，进而获取收益。虽然我们前面多次强调"纸面粉丝对于小红书账号运营的意义并不大"，但并不代表粉丝完全没有用处。事实上，这类做法在积累纸面粉丝数据的同时，也在和用户的互动中建立起了自己的"铁粉机制"，进而能在后续的内容中获得一定基础量的推荐。只要完成这一步，再加上后续能够垂直运营，此后刷到内容的人群基本也以中年人为主，这个账号运营就算成功了一半。

### 2. 熊胆粉有什么用？适合哪些人吃

公式：产品的功效 + 用途

相关内容如图 3-9 所示，这是一个关于熊胆粉的内容，在中年群体中流量数据较好。由于熊胆粉是比较受中年群体欢迎的护肝保健品或药品，群体特征非常明显，因此我们以熊胆粉为例，进一步洞察"养生类"中年群体的群体习惯。而熊胆粉单价较高，跟熊胆粉有关的爆款文案也非常适合研究高消费中年群体的特征。

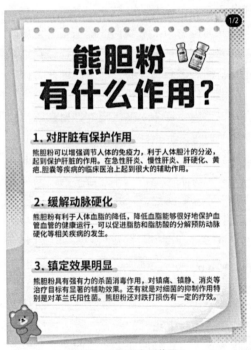

图 3-9　小红书案例截图 2

这种类似于用户直接去百度搜索相关产品，直接对产品进行种草。一般中年人的营销逻辑如下。

（1）通过其他笔记在生活场景中被种草某个产品。

（2）搜索产品名称看到这个公式下的内容。

（3）被教育和种草，随后在电商平台通过搜索下单。

可以看到，中年群体有被种草的逻辑往往比较简单粗暴、对问题的诉求比较直接的特点，同时这个群体用于上网的时间并不充裕，所以并没有太多时间接触泛娱乐话题，网络语言感知力不强，大部分只能接受通俗语言。

基于这几点，我们面对中年群体的运营方式会跟传统意义上的新媒体运营有很大的区别。因为现在市面上几乎所有对于新媒体的运营方式，尤其是面对小红书的运营方式，都比较适合年轻人。而真正适合中年群体的内容，和市面上主流的内容还是有比较大区别的。我们在考虑这个群体花费在互联网的时间比较少之后，要从他们接受的信息比较匮乏的角度做针对性应对举措，比如内容要尽可能直接、简洁、关键词长尾化等，而且中年的特征延伸到中老年以后，其文化水平和判断力都比较有限。此时内容表述只要看起来严谨，就很容易获得他们的信任。

所谓"直接"的意思就是：面对年轻人搞怪、俏皮甚至说反话的表述方法，他们大概率不容易理解，包括所谓的"反向带货"，只会让他们认为"你的产品是真的不好"。

互联网发展是非常迅速的，网络文化更是每年甚至每个月都会产生不少新鲜词汇，这对不经常上网的中年人来讲太快了，而且他们的思维相比年轻人也更加迟钝，很难去理解网络文化中的多元表述。同样的，一直到 GPT4.0、文心大模型 4.0 这样的 AI 也是极少能结合网络热梗创作的，它们创作的内容反而更适合中年群体去理解。

### 3. 适合男人的爱好

公式：适合年龄人群定义＋男人 / 中年人的 ××。

其实这里"男人"一般指代中年男人，因为自称"男人"的基本已经到了中年或者接近中年，而年轻人则喜欢自称"男生""男孩""男的""男性"等。

这个公式一样是非常简单粗暴的，往往文案只有一句话，带一两

个标签，重点还是图片或者视频。如图 3-10 所示为以一个中年男性为

男人的玩具，健康的爱好。

**图 3-10　小红书案例截图 3**

主的金鱼饲养爱好者圈子里的热门笔记中，只有一个金鱼缸的照片，照片里金鱼在欢快地游弋，配文只有一句标题："男人的玩具，健康的爱好。"结合社会上中年男性群体的实际生活状况，足以引发大部分中年男性群体的共鸣。

适合中年人的内容是以视频为主，且封面基本一目了然的画面，而不是花里胡哨的文字。

中年人希望通过图片一眼就能看到颜色鲜艳的美，喜欢重色彩，喜欢古朴。因此中年人喜欢用的表情包也基本是"花开富贵""早安、晚安"等，

在年轻人看来俗不可耐，但是在中年群体看来，就非常有美感。

同样的案例还有"适合 50 岁中年人的 ××""适合女人的化妆方式"等。这里的"男人""女人"一般特指中年人，因为年轻人一般不会这样称自己，他们会自称为"学生党""打工人""小仙女"等，最多自称为"女孩"，而不会是"女人"。而系统也会默认把这些带有"男人""女人"的话题和文案推送给以中年人为主的群体。

### （四）下沉市场的爆款内容公式

下沉市场特指三、四线城市、县城和农村的人群。这些人群和上述的"中年群体"有一定的重合，共同特点就是信息的接受面比较小，对事物的理解比较单一。

不同点就是，广义上的"中年群体"有农民工、小卖部老板等自由职业、城市白领、离退休公务员、事业编中老年人等，这里有相当一部分收入条件不错的群体。但是下沉市场收入普遍较低，平均受教育水平也比较低，而且下沉市场并不是只有中年人，还有极少部分留守中青年。

消费能力弱、平均受教育水平低、空闲时间多等是下沉群体的普遍特征，他们更像远离城市文明的一个人群，但是这个人群数量却极其庞大。这个人群在小红书上主要匹配的类目是：日用家居、游戏、小说、家电、健康、工厂人力资源、传统服务行业等。以家电为例，下沉市场的规模占据了30%以上，而且还在逐年发展。

下沉市场比较有代表性的平台是快手，因此在小红书运营上，抓住下沉市场流量的做法可以粗略地认为是"以快手的风格运营小红书"——虽然有些牵强，但是下沉市场的分散性决定了必然会有非常庞大的下沉群体在使用快手的同时，也使用小红书，因此这个话题是不可避免的且必须面对和运营的。

不过相对于其他人群，下沉市场对爆款内容的要求比较强调人设。所以起一个好的名字很重要，一般"90后"、"00后"做自媒体名称都是千奇百怪的，但是"70后""80后"做自媒体，名字基本是"老张侃历史""老王说教育"之类，而这类人设刚好比较符合下沉市场消费群体的心智，也较容易让粉丝记住。

下沉群体的用户在看到内容并且认可后，一般会选择关注，这个关注率远高于抖音这类广泛人群的聚集平台。所以在这个人群中养号和积累粉丝不重要。下沉群体不像大学生群体或者普通白领群体，后者可能大部分都没有关注，就选择在店铺下单了。下沉市场的起名技巧包括如下几点。

（1）名字要简单容易记。

（2）名字的风格要有很强的行业性，比如"老王谈装修"。

（3）名字可以加上自己的专业，比如"电工老王谈装修"。

有了名字之后，在个人简介上留微信引流也是一个面对下沉市场的好办法。2022年6月以后，小红书对简介含有疑似微信号的账号都会采取限流、折叠等措施，在运营的过程中需要注意规避。

下沉人群关键词：省钱、评理、对比、解气、逆袭、攀比。

那么，下沉市场的小红书爆款内容公式有哪些呢？

我接下来也通过如下几个案例归纳总结。

### 1. 大家评评理，邻居非说我家装错了

公式：争议话题 + 图片对比 + 事由阐述 + 个人观点

如图 3-11 所示，一个厕所的对比图，加上一个"到底是谁家装反了"的问题，就能引发较大的争议——这也是下沉群体的明显特征，即非常喜欢争议和围观争议。这个公式指的是从封面图片到标题、内容等一整套逻辑，并不是单纯指标题或者文案的公式。盲目套用这种公式效果并不好，具备争议话题、图片对比、事由阐述、个人观点四大特征之后，才能形成这样汇聚下沉人群的帖子。

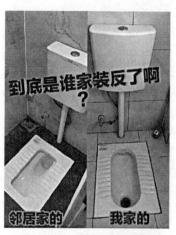

大家评评理，邻居非说我家装错了

♡ 813

图 3-11　小红书案例截图 4

这类内容的逻辑一般有两种：第一种是养号获取收益；第二种是引流带货。下沉市场带货日用品效果奇佳，以下沉市场为主的快手最大的类目也是日用家居，而小红书在进一步发展的过程中，下沉人群数量也在逐步增加，日用家居类目也逐渐成为主要的销量担当。

### 2. 少女的减龄神器，可爱的睡衣

公式：少女 / 美女 / 减龄 + 产品 + 显瘦

这类公式比较简单，核心还是自拍图片，这类内容对下沉人群中相当一部分女性都有比较大的吸引力。

这种内容能带动保健领域的发展，同时这种内容在一部分女性群体圈里特别受欢迎，带货服装类目效果也相当不错。

我身边有朋友就通过这个方式，每天带货单数超过 1000 单。小红书电商现在纯电商流量很少，内容带货才是主要流量来源。而服装又是内容带货中门槛比较低、需求比较大的类目，所以用这个公式瞄准下沉市场庞大的人群，可以说是一个相当不错的选择。当然走下沉市

场的产品价格不能太高，一般是 5.9 ～ 39.9 元。价格太高的话，小红书带货效果就不太明显，毕竟这个群体是价格敏感型的。

我们可以从一个新的营销策略出发，去挖掘下沉市场的潜力。这种策略将会大大出乎大家的意料，过去大家普遍认为只有"高大上"或者"非常吸引眼球"的炒作内容才能成为爆款的认知将会被彻底打破。像这个内容只是一个自制财神摆件的描述，然后把摆件拿在手上把玩，顺便拍了一小段视频而已。对于很多所谓的专业的运营来讲，这个视频平平无奇，甚至跟大众认知中的"爆款"完全不搭边。但就是这样一个平平无奇的视频，就有 48 万点赞，预计播放量在 2000 万～ 7000 万——这就是下沉市场庞大的潜力，也是新媒体运营需要恶补的知识盲区。

整个案例无法展开去讲，因为它实在简单到极致，甚至简单到只有两个字，那就是"财神"。只要围绕财神的话题去讲，评论区一大堆"接好运"的用户，一下子就可以把这个话题推向比爆款还爆款的热度。

这种情况很明显不属于热搜，但就是非常爆款。不过这类视频带货效率会非常低，一般适合用于养号。最后提醒一下，跟财神直接有关的封建迷信物件是小红书平台禁止销售的，带货的时候要注意规避这类产品。

### 3. 同学们都以为我在村子里过得很惨……

公式：以为 + 我其实（反转暗示或者明示）

如图 3-12 所示，一张漂亮的大别墅的图片配上"同学们都以为我在村子里过得很惨……"的文案，引发了大量的共鸣，也获得了大量的点赞和评论。这相当于变相展现房屋设计。

前段时间小说短剧大量冲出重围，以"歪嘴龙王"为代表的夸张的小说情节大火特火，引发了人们对下沉市场的思考。其实这类内容的核心都离不开下沉人群对命运的抗争和对美好生活的想象。"以为我很穷，其实我是百亿富翁失散多年的儿子，我要让你狠狠打脸"——像这类说辞在下沉市场的爆款内容中非常常见。类似的还有"今天你对我爱搭不理，明天我让你高攀不起""莫欺少年穷""乞丐变首富"

等逆袭段子，都能在下沉市场迅速引爆。这类内容都围绕"逆袭"二字开展，下沉人群代入虚拟的网络世界后，泼天的富贵和超乎常人的成功把现实社会中受到的冷眼狠狠击碎，极大地满足了他们内心的不甘，抚平了他们内心的自卑。

同学们都以为我在村子里过得很惨…😄

图 3-12　小红书案例截图 5

所以这种内容给人一种感觉就是"看了很解气"，因为绝大部分人都在社会中遭受过不公平的待遇，同时也向往着富贵，有强烈的追求受人尊重的心理诉求，而这类内容往往就是这样一个故事，足以吸引大量的流量，成为爆款。

这种故事有的是一张图就开始编，有的是告诉 AI 让它帮忙写一个逆袭的故事，有的是听来的，也有的是凭空想的，总之，就是一个故事而已，大概没多少人较真，但是带来的流量却是真切的。

这类流量带来的收益是非常可观的，但是现在整个新媒体行业真正用心去分析并运用的人并不多，人们还是习惯于采用过去一、二线城市新时代年轻人群体的营销方式去做新媒体。

正是因为大家普遍对下沉市场的关注和研究比较少，下沉市场的机会才更大。以下沉市场为代表的拼多多在 2023 年市值已超过老牌电商淘宝，这就是一个非常重大的信号。对于小红书运营而言，这个信号也非常重要。加上下沉市场对文案创作的要求并不高，AI 创作的内容在下沉市场也非常容易传播，至少远比过去的主要推广目标群体——一、二线城市的新时代青年群体更容易传播。

由于市场对人群的分类非常多，本小节只列举了比较有代表性的几大人群，我们可以根据上述特性执行针对性的营销策略。在小红书这个平台上，针对不同人群的精细化营销和传统的营销一样受到了市场的冲击，只有抓住小红书有特色的母婴人群、中年人群、学生人群和下沉人群，才能在运营上取得事半功倍的效果。

小红书的运营，或者说这个时代的运营，一定是追求"快速验证、快速出结果"的，否则很容易被时代潮流和用户快速变化的需求所淘汰。

## 第三节　小红书爆款账号类型

小红书爆款的背后有着不同的商业目的。事实上，除了纯粹的商业目的，还有相当一部分个人账号，比如一些大学生的账号，主要内容还是娱乐性的。获取收益对这些大学生来讲就是"能做就做，不能做也行"。

有些人账号运营得很好，粉丝高达数万，当他们分享运营技巧的时候，对于在企业的小红书运营岗位上的朋友来讲仍然是不适用的。运营目的不一样，运营的账号类型也会有很大的区别。

个人账号、企业商业账号及企业品牌账号的运营特点、流量来源和爆款定义如表 3-3 所示。

表 3-3　小红书爆款产生的条件

| 账号类型 | 运营特点 | 流量来源 | 爆款定义 |
| --- | --- | --- | --- |
| 个人账号 | 比较关注粉丝数量，内容以个人分享为主 | 以自然流量为主 | 大量互动 |
| 企业商业账号 | 不太关注粉丝数量，以单篇内容触达用户后获取收益的效率为主 | 以商业流量为主 | 大规模引流和持续高效率转化 |
| 企业品牌账号 | 比较关注粉丝数量和曝光规模 | 商业＋自然流量 | 大量曝光 |

通过简单的对比分析，我们可以看出，个人账号的运营特点是比较关注粉丝数量，内容以个人分享为主，而企业商业账号的运营特点则是不太关注粉丝数量，以单篇内容触达用户后获取收益的效率为主。这两者之所以呈现相反的运营特点，是因为企业商业账号更追求短线获取收益，而短线获取收益由于一直要围绕商业目标运营，内容上也比较偏向商业化，无法有效积累粉丝。

　　有效积累粉丝的应该是个人运营的账号，更多输出非商业的原生内容，让用户有获得感，他们才会产生关注。而如果企业商业账号过多地提供科普型输出，则无法更好地展出产品并获取收益，因此账号的性质决定了其运营的方向，运营的方向决定了其运营特点。当然，如果是品牌方向的企业账号，或者单纯的品牌账号，则比较倾向于积累粉丝，不做直接的商业获取收益，而是通过加强品牌曝光为商业赋能。

　　在爆款定义上，不同的账号有明显的不同。爆款的定义是跟运营目的息息相关的，对于个人号来讲，获得大量互动就算爆款，因为大量的互动能带来账号的涨粉和账号自然流量权重的增加，可以让个人账号健康发展，作为达人也能带来更多的商业广告订单收益。对于企业商业号来讲，流量如果不能带来大量收益，流量是没有意义的——这是由商业的功利化决定的。只有大规模引流和持续高效率转化才是企业商业号的最终目标，也是其对于爆款的定义。举个例子，某企业账号有一条笔记爆发了 1000 万阅读，只带货 5 单，客单价也不高，因此不能算爆款；而另一条笔记只有 5 万阅读，但是带货 100 单，虽然客单价也是平均水平，但足以称之为爆款。同理，品牌账号的运营目的是品牌曝光，因此运营目的就是曝光越高越好，爆款的定义也就是曝光量级足够大。

## 一、个人自媒体爆款的案例讲解

　　个人自媒体账号是小红书平台最大的群体，超过 1000 粉丝的账号一般被称为"达人"。

## （一）个人自媒体账号的运营目的

（1）展现自己，获得广大网友的点赞和认可，顺便接点广告换收入。

（2）分享自己的生活，通过随手拍的方式发布自己的生活瞬间，以记录和回忆备忘为主，一般不刻意追求收益。

（3）想要通过自媒体创业，快速获取收益的诉求非常强烈，运营账号的每一步基本围绕着获取收益，但大部分都是匆匆获取收益，以至于效果很差，随后便得出"自媒体难做"或者"自己不适合做自媒体"的结论。

（4）作为公司销售类型的职工，由于公司分配的客户资源不足，想通过自媒体的方式获取自己的客户。他们由于主业占据一定的时间，因此做自媒体大多数不能投入太多精力，只是抱着"试试"的心态去尝试，运营两三篇内容没有较好的成效后基本会选择放弃。

（5）跟随专业人员学习、通过科学手段运营个人账号，一开始就精准制定账号的获取收益节奏的人群，一般都将账号作为副业收入来源去做，压力并不算大，但是因为有主业依托，这类账号的运营往往能坚持更久。一旦能够跟分享生活结合，加上掌握了一定的爆款技巧，很容易通过几篇爆款积累一定的粉丝，并通过垂直内容的运营树立自己的人设，从而缓步获取收益。有机遇的话，有可能副业变成主业，成为主要的营收渠道。

这里每种账号类型的特点都比较鲜明，在分析数百位个人小红书博主的运营现状后，市面上普遍认为第5种账号的运营比较科学，并且有可持续性。

虽然个人自媒体账号现在普遍的现状就是难以获取收益，但是随着市场需求的增加，以及用户心智的进一步成熟，个人自媒体获取收益的潜力将进一步增加，空间也将进一步增大。这时候只需要制定科学的规划，很容易就走上正轨。

当然，在这个过程中有一个非常值得注意的风险，就是很多人在突然爆了一篇之后，后面就不按照自己做出的这篇爆款的架构继续垂直运营，导致错失了这波流量加持，后续的流量又恢复到最初的级别。

图 3-13　某博主的小红书账号个人主页截图

像这种情况是非常可惜的。

某博主的小红书账号个人主页截图如图 3-13 所示，截图中四篇笔记均是其创作的，自右至左、自下至上为笔记创作的时间先后顺序。第一篇凭借配文"这是什么鱼，运气也太好了吧"获得 6715 个点赞，第二篇还有 608 个点赞，属于余量溢出。但是由于后续的创作不垂直，架构没有统一，没有科学的运营方法，导致他后续只有零星十几个点赞，多的时候也就 40 多个点赞，这个账号的粉丝也基本维持在 1000 个左右，属于典型的"一手好牌打烂了"的账号，因为他完全可以借助爆发的那篇势能实现流量的阶梯式爬升。

如果他实在没把握或者没有灵感继续进行垂直创作，还可以让 AI 辅助创作，让 AI 学习和拆解热门内容的框架，然后进行模仿和学习，最后批量生产和创作符合系统算法的爆款视频，维持爆款流量的量级，伺机获取收益。

类似这样的案例还有非常多，就不一一列举了。这里举这些例子的目的是让大家感受到个人自媒体账号运营存在的核心弊端，我们要将其当作一面镜子，调整自己的运营策略。

当然，这个策略主要针对个人账号，无论运营的是公司的账号，还是自己的账号，这个方向都可以成为重要参考。我更建议大家运营个人自媒体账号，最起码当作一份副业去运营，在这个环境下也是一种保障。

综合这些自媒体账号，无论其后来有没有运营起来，毕竟"曾经辉煌过"，也就是说，它们曾经都获得了不错的成绩，这一点是值得学习的。

翻看它们的历史内容，从第一篇内容算起，会发现前期的内容都是随手拍。这种内容非常随意，博主在生活中遇到什么灵感随时开拍——这或许是一个好的习惯。

### （二）关于小红书平台的随手拍内容

根据我的抽样统计调查，小红书平台视频类目随手拍的比例高达70%，而图片笔记随手拍的比例则达到75%以上。这些笔记大部分默默无闻，但是总有一部分在某天踩中算法，成为爆款。这种爆款的方法可以说充满不确定性，与专业的运营规划和流程化运营逻辑有很大的区别，但是重在坚持，而且有一定的网感，也是朝着"猎奇、好玩"的方向创作的，最终也有概率能产出一个爆款。

虽然这种方法并不是本书提倡的，但也给很多尚在小红书运营启动犹豫期的个人博主提供了一定的参考。如果一开始缺乏动力，甚至不想学习专业的运营技巧，那么这些个人博主的历程或许是一个不错的参考方向。

## 二、企业引流新媒体爆款案例讲解

### （一）小红书企业账号获取收益逻辑和爆款的关系

小红书的企业类型账号从诞生那天起核心目标就是获取收益。也有部分企业出于"彰显格局"的目的，制定了缓慢涨粉、积累发展的目标，其实那是错误的，因为很多这样的企业案例表明：如果一开始都没有想好怎么获取收益，那么后续大概率也是不能获取收益的。

获取收益设定的基础逻辑如下。

（1）最初起号时围绕产品相关话题打造爆款。

（2）在爆款产生后借助势能迅速垂直拉动账号总体流量增长。

（3）稳定运营获取收益。

在这个过程中，"起号"阶段可能只占5%，而且一般一两个月如果不能成功达到预设的流量目标，基本要换方向重新起号；一般半年内如果不能成功实现稳步获取收益，基本要换团队重新探索。

这里由于大部分企业并不熟悉新媒体，尤其是新媒体中更新的小红书平台的运营规则，因此大量考虑外包。但是承包者大多是用千篇一律的模板，承包者自己本身对运营也是一知半解，因此基本无法成功实现企业的运营目标。

一般建议企业自己抽调精干力量研究学习，或者选择敢于对结果负责的外包。这里说的"结果"指的是获取收益的业绩，而非表面数据。因为小红书要想做一些表面数据或者偶尔爆款，实际上并不是很难的事情。很多企业管理层因为自身没有时间去了解这里的基础规则，导致轻信"数据就是金钱"的谬论，最后竹篮打水一场空，虚耗人力物力和时间。

第一种，企业的管理层先学习小红书的基本原理再外包，一般都能做好小红书；第二种，企业组建精干团队投入研发和探索小红书，用专业的思想指导并灵活调整方向，一般也能做好小红书。

除了这两种，诸如完全甩手外包的企业、盲目招聘人员进行摸索的企业，小红书项目基本烂尾。而且小红书平台有自己的主打类目和核心人群，企业要综合考虑自身的规模、产品适应人群，再决定要不要入局小红书，才是比较科学的做法。

## （二）小红书企业账号实例分析

### 1. 零星点赞的账号分析

当前企业账号最大的特点就是点赞基本是零星几个、十几个，无论粉丝是几百还是几万的，情况其实都差不多。这也印证了一个说法：企业账号粉丝并不是很重要。

通过图 3-14 和图 3-15 两个案例就可以看到：一个是 2.4 万粉丝，另一个是 1000 多粉丝，但是笔记内容点赞基本是几个，最多是二十多个。

图 3-14　小红书企业案例截图 1

图 3-15　小红书企业案例截图 2

这种现象的成因可能如下。

（1）企业引流被稽查，会被平台限流。

（2）企业没有按照垂直运营，无法延续爆款流量。

（3）企业大部分涨粉是通过商业广告投放实现的，而这些粉丝实际上并不会像自然流量的粉丝那样具备高黏性，实际上只是一个数字而已，99% 的粉丝不会再看这个账号第二次。

（4）企业账号运营过于功利化，导致内容偏硬，脱离用户的阅读习惯，导致数据变差。

### 2. 粉丝基础较好且篇篇爆款的账号分析

企业号只有零星点赞的情况属于普遍现象，但是也不乏做得比较优秀的、篇篇爆款的企业号，如图 3-16 的案例，这个企业几乎可以做到篇篇数千赞，引流和带货效果都奇佳，很明显是有专业的运营操盘；

而图 3-17 的企业号除了置顶的引流转化笔记点赞比较低，其他也都在几千个上下。

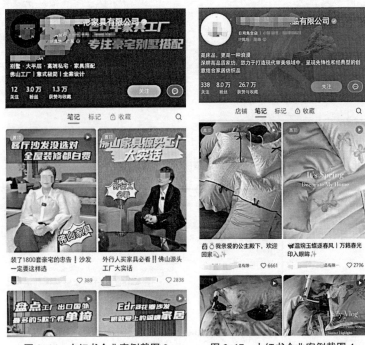

图 3-16　小红书企业案例截图 3　　　　图 3-17　小红书企业案例截图 4

从平台的层面看，这两个企业的账号封面和整体内容的风格都比较统一。一般认为，小红书算法要求单个账号的内容框架风格统一，才能获得流量的持续化分配和算法的持续推送，这是热点的基础原理。

从行业的层面看，其各自的封面风格的选取基本对齐了本行业内的热门笔记，比如做家纺的企业，封面色调都比较轻奢，而做高端家具的企业则采用商务黑金的访谈风格，账号保持风格统一。

**3. 粉丝基础较差但篇篇爆款的账号分析**

除了这些粉丝数据比较好的企业号能够稳定做好流量维持，也有一些粉丝数据一般的账号也能做到比较好的数据，这一样值得学习。

再看图 3-18 的汽车测评企业账号案例和图 3-19 的法律咨询企业账号案例，他们的粉丝量只有几百，但是点赞量都达到数百甚至上千，这个点赞量在小红书平台上属于不错的水平。

图 3-18　小红书企业案例截图 5　　　　图 3-19　小红书企业案例截图 6

当然，如果认真翻看整体内容，会发现几乎所有的账号，只要是企业账号，无论运营得多好，最终都免不了大部分笔记只有零星几个点赞的命运。

这其实就是小红书平台更鼓励个人创作的生态决定的，企业从诞生的那一刻起就意味着商业化——而商业化必然会破坏用户的体验，无法均衡。

### 4. 由于引流被降权的账号分析

对于一些中小企业来讲，引流违规的风险更大，因为中小企业更强调求生存，且人力有限，一般只运营一两个账号，匆匆获取收益后很容易被判定违规，随后账号就一蹶不振。也有的账号是一直没有做起来，因为领导错误的管理方向，或者用极其传统的报社时代的营销视角去指导小红书团队的运营，导致整个运营其实都是非常混乱的，没有章法且严重脱离平台、脱离算法、脱离用户。这些账号基本都是初期账号数据较好，但在引流后流量突然遇到断崖式下跌，这其实就是因为引流而导致账号被限流的典型。

如图 3-20 所示的小红书蜂花案例，其账号在最高 7.1 万个点赞的光环下，也难以掩盖近期笔记只有 6 个、45 个、21 个点赞。在分析了卫龙等多个曾经在小红书上被热议的网红品牌之后，我们不难发现，这些曾经能爆发一轮甚至多轮热门流量的品牌账号，现在在日常发布的笔记基本只有几十个点赞，部分笔记甚至只有几个点赞——这些账号都有七八万的粉丝——这个粉丝数在小红书上已经属于头部，但是粉丝的作用实在很弱，小红书对每一个内容都是单独打标签、单独赋能的。

图 3-20　小红书蜂花案例

这就意味着，如果不按照算法框架运营和制作内容，流量就无法持续，且所谓的品牌和知名度在大数据算法的分配机制面前是不值一提的。

另外，很多企业热衷于和达人合作，对于部分企业来讲，这样的性价比可能会更高一些——毕竟稍大的企业自己运营的账号更多是以品牌宣传为主，而真正接地气的获取收益的账号基本来自达人。

小红书每个领域每个类目都有着成千上万的达人可供选择，价格也相对比较实惠，只要企业运营得当，也是一个不错的运营方向。但是不管企业找什么达人合作，在小红书上都一定要有自己的"根据地"——也就是企业要在小红书平台上开设自己的官方账号，以承接来自广告的溢出——毕竟在达人的笔记下，很多用户会被种草，随后去搜索和了解该企业／品牌，如果整个小红书都没有相关的企业或者品牌信息，用户会认为这个品牌实力不够。

企业账号刚入驻小红书，想要确定自己的运营调性，可以去看那种经常只有几个点赞却还长期坚持发布内容的企业账号——这种账号一般都有一些特殊的引流或者获取收益渠道值得学习。尤其是同行业的账号，如果能做到这样，说明其至少是没有亏损的。试想：如果一个企业账号长期没有营收，谁会坚持去更新呢？要知道，企业账号更新最大的动力就来源于收益，"为爱发电"在商业上是不存在的。

扫描二维码查看关于企业品牌在小红书进行品牌营销的案例解析。

# 第四章

# 小红书私域引流技巧

最早小红书在很多企业的规划里，其实就是用来引流到私域的工具。本章的"私域"特指"微信私域"，因此这里的"小红书私域引流"是指从小红书平台获得意向客户，并将意向客户引导到微信场景下进行进一步交互。一直以来，小红书的私域引流效果确实比较好。但需要注意的是，在过去很多的客户案例中，小红书引流到私域其实并不是最难的，引流到私域后的基础交互也不是最难的，最难的其实是引流到私域后的承接和转化能力。小红书的用户被引导到私域后，私域运营的矛盾点在于：如果一个企业花费大量的时间回复私域用户大量跟业务没有直接关联的问题，这将会造成巨大的资源浪费，大大降低人效；反过来，如果企业没有花费足够多的时间服务私域用户并与其建立良好的互动关系，会导致客情关系不足和成交意图过于粗暴，容易引发用户反感，从而进一步诱发客诉、拉黑等问题，降低用户体验感，一样会导致业绩产出的降低。目前，经过多轮验证，很多企业的私域能力是有待加强的。

企业主和高管们需要学会从战略的高度看私域运营，理解用户的习惯依存于时间的基本概念。我们必须清楚的一件事情是：用户的时间是宝贵的，私域运营其实就是抢夺用户时间的低成本且有效的手段之一。

大部分企业借助小红书进行引流，实际上，就是在小红书这一平台上和竞品抢夺目标用户的时间。当然，用户并不会主动献出他们的时间，专门陪我们聊天——哪怕我们提供的内容再有价值。因此在市场自由层面上，用户能够被企业引流到私域，也会随时离开，总体私域的用户呈现的是自由流动的方式，有流入，也有流出。在私域运营中，要保证用户的净流入大于净流出，才能保障私域池增长。

因此，一个完整的小红书私域引流体系应该包含前端的小红书引流和后端的私域转化。后期随着小红书运营的进一步发展，内容还将拓展到小红书引流到公域转化。出于聚焦考虑，本章我们先重点讲述小红书引流——私域成交这条主线。除了企业，个人在小红书部署私域引流的原理，也与上述逻辑一致。

# 第一节 小红书私域引流方法和注意事项

广义上的引流只是吸引用户、吸引流量，狭义上的引流则是特指把流量从一个平台引流到另一个平台。在小红书的运营习惯中，引流更是特指把小红书的流量引流到微信，然后在微信上进一步运营、成交。

对于小红书而言，引流意味着用户的注意力被从小红书引导到其他平台，也就意味着平台的流量流失，这对平台来讲必然是不可接受的。因此引流在小红书平台上是明令禁止的。当然，并不是所有的引流行为都不能接受，这个要分情况。

第一种情况是，通过牛皮癣广告、欺诈诱导等形式进行批量、大量引流等，这些做法严重破坏平台的生态，并且有可能对用户利益造成损害的，均属于暴力引流。利用第三方软件、插件、爬虫等进一步的暴力引流的手段则涉嫌破坏互联网信息安全，这更是严重违反相关条规的，是万万不能踩踏的红线。

第二种情况是，通过有价值的合法科普、内容输出获得用户的认可，用户主动寻求和建立联系，这种联系包括但不限于在小红书私信、邮箱等渠道建立私下的沟通和联系，以寻求进一步的互动。这类情况属于非平台禁止的引流手段——或者说，在平台的定义里，只是粉丝交互的定义。这种所谓的"引流"一般情况下是被许可的，但是平台有时候出于用户被引流到其他平台后在监管上的不确定性，比如有人把用户引流到其他平台进行诈骗等非法活动，则属于不被平台接受的行为。

由于将用户引导到第三方属于平台不可控的行为，因此为了避免引流导致负面事件的发生，平台原则上并不鼓励创作者将用户引导到平台之外。

引流应当是"用户主动的被动引流法"，而不能是"创作者主动的主动引流法（涉嫌诱导）"，否则都会受到平台的处理，包括但不限于禁言、封号等。无数小红书运营者曾经在小红书上违规引流被系统识别后导致账号直接被封，辛辛苦苦运营大半年的账号直接归零，颇有"一夜回到解放前"的悲壮。因此，如何科学、合理地引流并最大程度地规避违规风险，成为很多小红书运营者的主要难题。

以下是一些小红书平台的引流违规情形和高低危引流的分类案例，这些案例主要是为大家提供避坑参考，以避免因不了解平台规则导致不必要的违规。同时，书中也会列举一些小红书平台违规引流的情形，让我们对私域引流违规的行为有进一步的明确认知。

# 一、违规引流的四种主要动作

新手在小红书引流是极其容易违规的，比较典型的违规动作主要有以下四种。

## （一）利用抄袭的内容引流

如图 4-1 中，某笔记由于内容中含有非原创的部分被系统警告，且提示含有非原创图片的笔记不会被推荐，建议修改。

一般平台算法都会有查重机制，抄袭小红书平台的其他用户（自己大号的内容发布在小号也属于非原创）内容发布在小红书平台上，都会被判定为"非原创"。非原创内容如果不能获得推荐，或者在模仿其他内容的时候相似度过高，也会被识别为非原创。

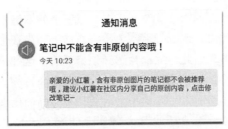

图 4-1　小红书笔记违规通知示例 1

多次抄袭其他账号内容，或者发布跟其他账号高度相似的内容，甚至会被封号。随着平台算法的进一步成熟，在其他平台复制的内容发布到小红书上，也有可能被判定为抄袭（非原创），因为系统的爬虫可以爬取全网内容并且对本平台新发布的内容进行比对，相似元素过高的会被认为是抄袭（非原创）。

扫描二维码了解算法查重的原理。

这个章节我们有不少部分会强调合规运营，主要是针对小红书引流这个话题，大部分着力于投机取巧，这些方法虽然短期内看起来有效且省力，但从长期来看，是有百害而无一利的。

## （二）私信提及加微信违规

账号创作者可以在小红书上跟用户进行互动，并且在用户主动的情况下在私域建立联系——虽然这其实也是引流，但最起码作为一种居间的方法，平台的态度还是比较模棱两可的。

但是如果赤裸裸地在平台上诱导式引流，比如直接在笔记图片上，甚至在文案上留手机号、微信号等，那么不管是在哪个平台，都会被判定为严重违规，一般都会予以永久禁言。

按照平台的说法，为了保护用户的隐私和安全，在头像、昵称、个性签名、笔记内容以及评论区等地方，绝对不允许留下手机号、微信号等联系方式。虽然也有人成功逃过平台的审核，成为"非法引流的漏网之鱼"——但是如果你想认真运营小红书，就一定要摒弃这种投机取巧的心理。如图 4-2 所示，因私信中含有微信号并且有引导用户添加微信的行为，该账号被永久禁言，这类行为在平台判定上属于比较严重的情形，因此一般都会选择顶格处罚。这种情况在早期小红书——微信私域引流中时常存在。

图 4-2　小红书笔记违规通知示例 2

## （三）涉及品牌广告和代购

这种情况在早期的微商和创业群体中比较常见。他们大概也发现了小红书的算法在大数据分配上比较智能，尤其是代购引流效果比较好，人群都比较精准。小红书对于人群的归类非常细，这一点是不可否认的。但是我仍然不建议在小红书上进行品牌广告的直接推广或者代购的引流，因为一旦被发现，这个账号也是会被处罚的，最低也是被限制曝光。

如图 4-3 中，由于代购、广告转卖等被系统识别，因此笔记被限流，并要求删除或者修改相关内容。这类处罚虽然不算严重，但也会被系统记录，并对接下来的流量和账号权重造成实质性的影响。

图 4-3　小红书笔记违规通知示例 3

### （四）同一个账号一天内发布大量内容引流

这种情形也比较常见。那些做矩阵操作的工作室玩家，每天发几十篇笔记铺搜索流量，重复对爆款素材进行引流。因为我分享的小红书运营技巧中有关于矩阵的做法，就是在小红书上运营多个账号。这种办法会让很多人觉得"好用"，但凡事过犹不及——如果我们某个账号在流量偶然爆发后大量发布内容，期望借助流量爆发的势能获得利益最大化，那这个账号可能会有被监控甚至封号的风险。即便你在该账号发布的都是垂直且正向的原创内容，该账号都会被系统重点监控，稍有不慎就会被封号。

其实一般一个账号一天只建议发布 2～3 条内容，不建议发布过多的内容，尤其是很多人一天发布十几条，这对于账号的损害是非常大的，一旦被发现还有可能被永久封号。虽然短期内好像这种方法确实有效，但是长期这个做法肯定会因小失大。

## 二、违规引流的风险分析

违规的动作主要有抄袭、私信提及加微信、涉及品牌广告和代购以及同一个账号一天内发布大量内容引流这四种。由于第四种在日常运营中比较少见且风险性明显无须分析，这里只针对最常见的前三种进行风险分析。

利用抄袭的内容引流的违规经分析属于"内容矩阵"的引流情形，私信提及加微信违规经分析属于私信引流情形，涉及品牌广告和代购经分析属于品牌广告引流情形。如图 4-4 中，针对内容矩阵、私信引流及品牌广告引流三种主要情形，我分别做了违规级别的分类和对应的处罚级别，以及相应的转化效果，并附带典型的转化场景。

其中，内容矩阵引流情形中，通过大量抄袭多账号引流、通过伪原创引流分别属于高危和中危行为。抄袭和大量发布属于危险程度最高的引流做法，触碰了两个平台的红线。从矩阵的视角看，这个做法跟第四种类似，不同的是第四种做法中有一部分甚至是手写的原创内容，但如果在同一天同一个账号上大量发布，也一样会引发违规风险。也就是说，第一点和第四点提取的违规红线要素包括了以下两种。

（1）同一账号短时间内大量发布内容。

（2）抄袭（非原创）。

| 引流情形 | 引流动作 | 违规检测级别 | 转化效果 | 转化场景 | 处罚级别 |
|---|---|---|---|---|---|
| 内容矩阵 | 通过大量抄袭多账号引流 | 高危 | 一般 | （不建议使用） | 封禁账号 |
| | 通过伪原创引流 | 中危 | 较好 | 服装等热门行业 | 封禁笔记 |
| 私信引流 | 私信直接发微信号/手机号 | 高危 | 极好 | （不建议使用） | 封禁账号 |
| | 私信发带微信号/手机号的图片 | 低危 | 一般 | 所有行业 | 屏蔽消息/封禁账号7天 |
| | 私信发带微信号的笔记 | 低危 | 较好 | 用户群偏年轻的行业 | 屏蔽消息/封禁笔记 |
| 品牌广告引流 | 评论区插件 | 低危 | 较好 | 社交、娱乐等应用推广、获取线索 | 封禁笔记 |
| | 评论区种草引流 | 低危 | 一般 | 所有行业 | 封禁笔记 |

图 4-4　小红书笔记违规情形总结

尤其是做矩阵运营，这个风险系数就更高，所以一定要学会把握尺度，记住凡事过犹不及——引流虽好，"切勿贪杯"。

扫描二维码了解小红书其他引流方法。

## 第二节　小红书引流到私域后如何获取收益

### 一、私域的商业闭环

通过前面第一小节的学习，我们知道，小红书引流到微信私域这个业态，蕴含着巨大的商机。但"引流到私域"只是整个小红书私域引流中的前半段，其后半段则是"私域成交"。今天我们就"引流到私域 + 私域成交"这个完整的闭环做一个更加详细的讲解，补足小红书私域引流的后半段缺失。

在过去很多的客户案例中，我们反复证实了小红书引流其实并不是最难的，最难的其实是引流到私域后的承接转化能力。目前经过多轮验证，很多企业的私域能力是有待加强的。这跟私域运营发展的时间较短、行业人才体系化建设不完善等原因有关。从某种意义上讲，私域运营就是一种形式的销售，而且是那种需要付出一定精力和较多心思的销售。最近几年，我很明显感觉到，现在的销售没有以前的销售那股"拼劲"了，甚至有些销售只吃"到嘴边的肉"，稍微有点难度的客户就不愿意去开拓。销售人员一直都是以年轻人为主的群体，因此新一代年轻群体的成长环境和思维形态的变化也成为这些现象的必然结果。销售尤其需要"精兵强将"，在没有这个条件的情况下，我们做小红书私域只能顺应时代发展，适时做出改变。当下被验证的比较合适的应对策略有以下四种。

（1）建立标准化的 SOP 流程体系。

（2）完善流程的科学性和强化营销概念，提升转化率。

（3）管理层面更加注重把控营销节奏，而不过多强调个人能力和个人自觉。

（4）尝试批量转化、批量成交的新型运营策略，弱化一对一成交的传统策略。

以上技巧在大量案例和实践中逐渐成形，也是我在过去五年中最有感触的经验积累之一。在过去的大部分时间里，我都在营销私域的一线战场，而成果比较明显的流量前端新媒体战场上，只要思路正确了，项目进展基本比较顺利。有人认为，私域的体系构建投入的精力那么大，是否可以放弃这个路线，直接把流量引导到公域中，通过电商的形式直接成交呢？

事实上，我做过这类尝试——对于大部分行业来讲，如果完全脱离私域而只做公域，理论上是能存活的，但是在商业竞争空前激烈、行业内卷十分严重的今天，要想"活得好"，而不是"单纯追求保本存活"，私域就是绕不开的话题。

线下实体店，包括一些餐饮巨头，甚至大大小小的奶茶店，都开始做私域，而线上的保健品、视频、宠物用品甚至医疗行业，都开始做起了私域。可以说，私域不仅是商业的一个补充，也是这个内卷时代的必然需求。我曾组织调研过线下的实体商业店铺，发现在完全没有私域的运营加持下，店铺的生命周期平均只有 3.5 个月，而有私域运营加持的情况下，店铺的生命周期基本会翻倍，达到 7 个月以上，甚至有的能一直存活下来。

## （一）私域的本质是增加复购

几乎每个人都会发现自己熟悉的商业街每年都会有一批店铺开张，又有一批店铺倒闭，这样轮换的商业规律似乎每年都在上演，年年难做年年做，关关难过关关难，当下商业的迷茫，似乎只有私域能解——因为增加复购就是增加企业／项目的生命力，这是无法否认的。我接下来会从一些私域的获取收益案例出发，深度描绘整个私域体系中的获取收益技巧和流程，真正把私域运营和流量获取技巧讲透，形成一套完整的体系化的商业方案，给我们的商业赋能，也给我们在商业拼杀的道路上多增加一把利器——这是本章节的目标，也是本书讲小红书运营的出发点。

## （二）私域中的社群运营

社群工作内容主要包括以下几种。

### 1.社群裂变

难度最小，是利用现有社群做出的增量裂变，一般形式有单群人数增加（群拉人扩充，从 200 到 500 人，经典案例如砍价群）、多群矩阵两种（洗群到新群，新群从 0 到 200 人，经典案例如旅游群）。

### 2.社群活跃

社群剧本型运营，一般适用于运营群。

### 3.终端私信、朋友圈成交

通过微信私聊、朋友圈素材引导成交，一方面创造业绩，另一方面为营销提供实战教材。

### 4.策划活动

通过一场场具体活动做社群裂变、拉高业绩等聚合型动作。

### 5.内部引流

内部引流方法和具体策略除了本书中提到的小红书引流，还有抖音、视频号等渠道的引流。引流的目的是为社群提供流量输入保障。

### 6. 数据分析

社群运营的核心相当于社群运营的眼睛、风向标。

这些基本是 2015—2021 年社群运营最火的时候，运营比较受用的基础运营策略，当时的社群运营基本是从其他岗位转岗，或者应届大学生自学而成，所以在理论指导层面非常匮乏，基本是"跟着感觉走"的摸索式运营。但是最终在行业的形成性规律下，逐渐形成了上述一整套完整的商业体系，这些体系让社群标准化运营成为可能，也给行业人才的复制和孵化提供了基础理论依据。

虽然很多新手在懵懂中也进行了很多工作并且拿到了结果，但是市面上出现的"私域运营就是社群运营"的声音很明显是缺乏科学性的武断结论。实际上，私域运营所要做的工作远不止社群运营，因为从商业诉求和业绩结果上倒推私域的运营要求，大家就会发现社群运营只是私域运营的冰山一角。下面我将通过一些案例带大家窥探私域运营这个庞大的生态中各式各样的工作内容和运营形式。

## 二、小红书私域获取收益案例

私域是小红书运营中一个很重要的功能承接点，因为至今仍有大量的运营在小红书上引流到私域，并且通过这条引流渠道获得了不错的收益。随着小红书的发展愈加火热，小红书 + 私域的业态在商业中的占比也越来越高。

### （一）日常种草

从小红书引流到私域后，最常见的转化方式就是"日常种草"。这也是比较符合小红书用户调性的一种"软营销"。虽然这种营销本质上还是在介绍产品，但是这种介绍更多的是描绘了产品的使用体验，并配上了"强烈推荐"的诱惑式文案。这种形式的私域运营难度较低，跟传统的广告并没有过多的区别，主要的做法是将用户加入微信群聊，并且在群聊中用广告多次触达用户。

这就是私域的最初形态——多次触达——而且每次触达基本等于零成本。相比于 CPC 类商业广告每次触达成本高达 10 元、每日花销动辄几千元、几万元的成本，私域社群则只需一次建群成本，后续均可免费触达用户，明显有巨大的优势。但是随着时间线的进一步推进，这种最初的私域运营形式在市场上逐渐表现疲软，因此社群运营逐渐变成了私域运营中的一种辅助，并且一般不独立存在，否则难以保证业绩增长。一般现在私域运营已经是群聊 + 朋友圈 + 私聊多点联动结合，甚至还结合线下会议等形式，形成一个完整的私域多重触达的闭环。

## （二）社群课程广告植入

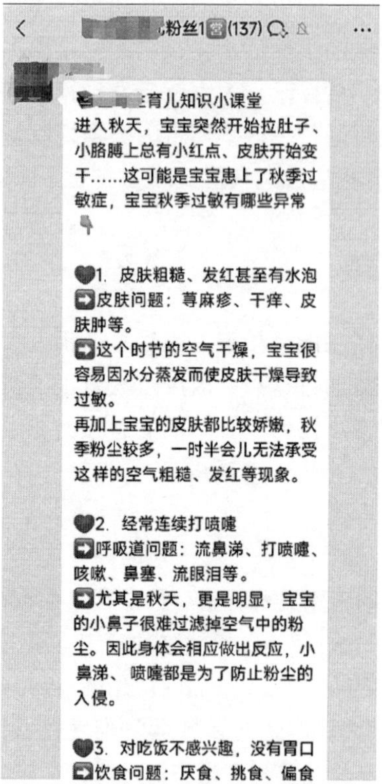

图 4-5 是一个母婴社群的群聊，群聊里正在发送一些科普课程。这个科普课程的目的是建立常态化社群内容输出，维护用户黏性，同时植入广告。

在社群中做科普公益课程，然后在课程中软植入产品广告，是私域社群运营中的另一种形式。这种形式相对软化，普遍用于医药、减肥、职业教育、知识付费等领域，是基于"体验营销"衍生的一种软广告形式。

这种形式对于开拓更多客户、转化抗拒硬广营销类型的群体等都有明显的作用，相当于"能成交别人成交不了的流量"。这个"别人"指的是没有掌握这类方法的运营和销售人员。而课程 + 科普的形式打底的软广，无疑在"服务用户"

**图 4-5 微信私域社群课程**

的大纲上是符合"消费者服务"理念的，对建立深层次的客情关系很有效果，消费者参与其中也比较受用。

需要注意的是，这个运营策略对专业能力有一定的要求，且需要耗费不少时间和精力，在决定开启这个模式之前要综合考虑成本和收益等因素，也要考虑人群和转化效果的关系。并不是所有行业所有人都适合这个方法，最终结论需要在各行业各团队之间反复论证和验证，要有科学的判断，不能一言蔽之，也不能一哄而上。

在这个问题上，"先做了再说""都没做探讨，也没有意义"都是有些莽撞的思维，正确的做法应该是"小范围尝试"+"有成果，有放大复制"的步步为营的做法。传统销售团队更多注重单一的营销模式，因此这种方式对于传统销售团队来说未必合适，建议新媒体出身的团队去尝试这个方法，并且一定要设立节点目标，有章法、有计划地推进，否则庞大的工作量和紧密的节奏很容易让整体项目陷入混乱。

### （三）朋友圈宣传/引导成交

朋友圈是私域运营成交环节最重要的辅助场景，通过朋友圈我们可以给用户传递的信息包括以下四点。

（1）已购买用户的使用反馈（占比20%）。

（2）活动告知（占比10%）。

（3）产品科普（占比60%以上）。

（4）其他（占比10%以内）。

以上是我在多个私域项目中总结出来的朋友圈发布内容比例，有较大的参考价值。图4-6为典型的私域运营中的微信营销号朋友圈。

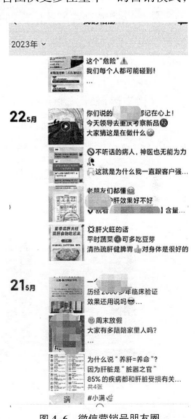

图4-6 微信营销号朋友圈

虽然 2020—2022 年微信曾经多次打击朋友圈的"牛皮癣式广告"，不少网友也对这类广告较为反感，但是微商时代还是教育了相当一部分人愿意接受这样的广告。现在的朋友圈广告更加软化、理性化，并且更多站在科普等消费者乐意接受的视角软植入，因此这作为一种重要的私域成交辅助手段留存了下来，并且一步步发展成熟。

朋友圈刷屏是微商时代人们最为诟病的一种做法，但是在微商时代彻底降温后，私域的时代中，遇到重大活动，除了刷屏，并没有更好的替代策略。而这种偶尔的刷屏带来的广告效果也是非常明显的，并且从数据上看，偶尔的刷屏虽然也会带来一些用户负面评价，同时受到少部分的用户拉黑和删除，但是整体比例可控，并且留存下来的用户是可以接受这种形式的沟通互动的。这个过程中只要私域运营和销售做好客情关系，站在客户的层面做好"顾问"的角色，这种负面影响是会大大抵消的。

在多团队的数据对比中可以发现：在这种朋友圈运营的体系化建立并且稳步运营后，因朋友圈问题造成的删除拉黑率已经基本降低至0。图 4-7 为某微信私域项目的数据统计，数据中心展示了综合加粉率在 70% 左右，加粉沟通率在 66% 左右，拉黑率则均为 0。

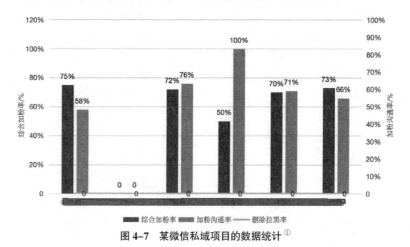

图 4-7　某微信私域项目的数据统计 [1]

---

[1]　图片来源于我旗下私域团队日常工作报表，核心数据已脱敏。

因此这个模式可以说进一步得到验证，并且上述朋友圈内容发布比例基本已经成功标准化，直接套用后研磨内容到合适的阶段，即可成功复制这个方法，建立这一套朋友圈—私域辅助体系。

### （四）微信私聊成交体系

在私域运营中，私聊成交是最重要的环节，能够在用户意向最强点做关键性推动，因此也是私域营销中最关键的环节。在私域的最初阶段，实际上，整个私域只有这一个环节也是能够支撑起一个初步的运营的。一直到2024年，不少私域运营的个人和企业，仍然只采用微信私聊这种单一的营销方式进行运营，也能保障基本的客户沟通需求。

#### 1. 私域 C 端成交

私聊成交的本质是沟通。传统的成交都是需要经过沟通的，这个沟通可能是功能咨询、议价、使用疑问等，基本是在成交环节才会进行私聊沟通，目的比较明确。私域 C 端成交相当于把过去线下的成交场景转到了线上。

既然微信私聊就可以完成成交动作，为什么还会有社群运营、朋友圈运营等形式呢？其实私聊成交就是临门一脚的事情，如果没有朋友圈运营、社群运营的助力，大部分用户是到不了私聊这一关的。而对于意向还没有那么强的用户，一般采用私聊的方式去一一对接，不仅耗时耗力，还会难以避免营销的嫌疑，引发用户不友好的体验。因此，从系统化的角度看待私域，正确定位微信私聊在私域体系中的位置，才能真正做好私域运营。

图 4-8 为某微信私域项目的 C 端聊天截图，根据聊天截图信息，销售已经和客户达成成交，并已收款。这就是一个比较有代表性的私聊成交场景，因为这种场景是自营团队直接面对消费者的，称为 C 端销售。

C 端用户在沟通的时候，基本就是带着意向过来的，这时候作为一线营销人员一定要沉住气，要避免过度营销，避免"尬吹"自己的商品。你只需要做到耐心询问对方的需求，并且在对方提出购买意向的时候，马上表示可以安排发货，如果此时对方完全没有犹豫，你就可以直接收款发货。但是如果对方还有顾虑，你可以直接询问"是否有什么顾虑"，要正面解决对方的诉求。假如沟通过程中涉及优惠折扣的问题，即便你有权力给折扣，也不要马上答应用户，而要表示去"申请一下"，间隔 10～30 分钟才再次回复对方，表示优惠可以给，并再次询问对方的付款方式。

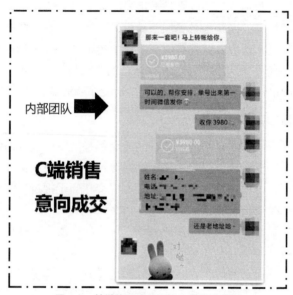

图 4-8　某微信私域项目的 C 端聊天截图

这只是一个私域营销的小技巧，实际上，如果你想做好 C 端私域，还需要专业知识的积累，并且掌握一定的营销套路。就好像你在学校门口摆摊卖煎饼，一个小小的煎饼也是有技术的，你也要对煎饼摊的顾客有一定的了解。因为你的煎饼摊顾客主要是学生，那你就要进一步了解学生的诉求，包括口味诉求、夜宵诉求、给舍友带小吃的诉求等。

看起来很简单的私域营销，可以理解为传统摆地摊的生意，也可以理解为商品的销售，但这其实并不是一个单一的运营定义，而是一个体系的运营逻辑。因此很多企业并不具备专业的销售技能，导致好不容易引流了一些用户到私域，却无法成交——甚至到了私聊环节，用户已经有很强的意向了，成交只是临门一脚的事情了，仍然很难做好。

　　我带过多个私域团队，这些团队的私域流量来源基本是新媒体渠道，用户意向度远低于广告渠道的流量，但仍能较好地完成业绩，核心原因就是我们建立了积极的激励制度和完善的销售培训制度。企业想要做 C 端转化，就必须学习这些基础的技能。

### 2. 私域 B 端成交

　　如果确实理解不了这些基础技能，企业可以考虑做 B 端销售。和 C 端销售相对应的是 B 端销售。这是一种非自营的代理合作形式，主要面对代理团队，而消费者由代理团队，也就是 B 端团队对接。图 4-9 为某微信私域项目的 B 端聊天截图，聊天的内容是某代理群内播报旗下代理出单的喜讯，以此激励其他代理更加努力。同时，代理群里也会分享一些出单技巧。

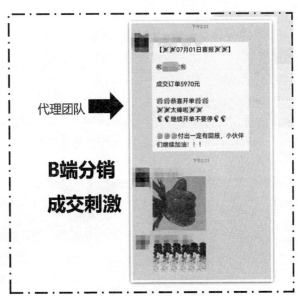

图 4-9　某微信私域项目的 B 端聊天截图

　　对于 B 端团队的运营，有些朋友可能没有什么概念，我引用网上一个说法阐述 B 端运营的流程：假设 A 创业者想利用学校门口的煎饼摊打造一个 B 端运营模式，那么 A 就需要完成以下这些工作。

1）销售场景定位

即摆摊之前选好学校门口的位置。选好位置之后，就可以开始摆摊卖煎饼。这是创业的第一步。实际上，可以让过来买煎饼的客户扫码加微信。这个操作虽然和我们通过小红书引流到微信私域不太一样，但最终结果都是导向微信。

2）销售流程的初始化

摊位上放好价格清单、微信二维码、零钱、摆摊资格证。这个阶段 A 已经开始销售自己的产品了，销售的逻辑就是"摆卖"，看起来比较简单，实际上，操作起来需要大量的准备，并且需要建立一定的操作壁垒。比如进货渠道、产品口味等，这些都需要通过私域逐步传达给想要购买煎饼的人，让这些人传达给他们的同学，也就是你的潜在意向客户。

3）消费者变合作者的准备

如推荐有奖活动。当你的煎饼摊拥有 100 个消费者，你至少需要驱动 10 个消费者帮你宣传。驱动措施可以是：帮介绍同学来买煎饼，下次买给 8 折。同时如果某同学介绍的同学足够多，比如 A 同学带了三个同学来买煎饼，就可以免费送给 A 同学一个，并且鼓励他继续努力，下次如果他带 6 个同学来，不仅可以给他送一个煎饼，还可以给他 10 元的现金奖励。

不管是哪种形式，我们最终的目标都是通过私域运营拉动业绩提升，但如果项目需要快速放大，在 C 端模式的放大效率有限的情况下，采用 B 端模式进行团队的快速复制，不失为一种有效的策略和方法。

## 三、私域获取收益的技巧和流程

### （一）小红书私域的获取收益注意事项和技巧

流量从小红书引导到微信私域后，创作者需要针对这个平台的流量特点做出相应的应对措施。综合总结小红书的流量特点，需要注意的事项如下。

### 1. 小红书引流到私域一定要"趁热打铁"

由于小红书流量本身的属性，引流到私域后，一般 3 天内不转化，用户会"忘记"；用户失去热情、不再记得之后，回复率特别低，转化率也特别低。

### 2. 小红书引流的流量都应该理解为泛流量，不要害怕，大胆打广告

要有"能捡一单是一单"的心理状态，目标应当是快速跑通获取收益链路；不建议对小红书私域社群做运营，成本高，回报低。

### 3. 转化率太低应该及时调整前端引流的路径

笔记内容太泛会导致引流不精准；谨防大量薅羊毛的低质用户耗费时间。

### 4. 到了私域之后仍然应该做防封号措施

微信防封号：注意跟引流粉丝的沟通简单直接，避免争端导致的投诉；小红书防举报的原则是：少玩套路，多一些真诚，避免用户反感而举报。

以上这些注意事项，是我在探索小红书—微信私域这条业态的过程中总结出来的经验和教训，很值得大家去思考和参照。小红书平台引来的流量和其他平台的流量总体上有比较大的差距：相比于抖音等平台引流到私域的用户，小红书平台的用户来源更加集中，小红书的引流效果也是相对比较好的，但这也造成了小红书的流量在私域上转化率并不高，因此在大部分情况下，小红书平台效果较好的引流内容发布到其他平台则难以产生效果。

## （二）小红书引流到私域的获取收益流程

既然小红书的流量在私域上的表现不同于其他来源的流量，那针对小红书的流量我们也应该有一套完整独立的运营流程。图 4-10 描绘

了从小红书私信到微信私域的获取收益流程。在多个项目反复验证之后，这套标准化流程逐渐定型。

图 4-10　从小红书私信到微信私域的获取收益流程图

在这个流程中，小红书私信被设定为私域引流的起点。在实际运营过程中，我们可能还有其他的引流方式，包括群聊引流和本书没有提到的小程序引流等，这里就不做额外阐述。但不管是何种引流方式，既然是引流到微信私域，那么我们就应该尽快让对方添加引流的微信号，并且尽量留微信让对方主动添加。如果是我们跟用户索要微信，一方面增加小红书平台上的封号风险，另一方面在微信上过多主动添加他人，也会存在封号的风险。

在交流场景从小红书转到微信私域之后，针对小红书引流来的用户，运营方的微信消息回复要做到即时响应——不能加到一个用户之后半天不说话——毕竟对运营方来说，可能每天要引流成百上千人，但是对于用户来讲，他就加这一个微信。如果添加好友后运营方账号的回复周期过长，会引发用户的猜忌，进而破坏本就薄弱的信任关系。因此我们应该设定加微信后的第一时间响应机制，其次是加强引流，最后才是加强成交。

添加用户之后，从询问需求到推荐产品，第一步往往是简单粗暴的，这一步就是为了筛选用户并且对用户进行分类。能够直接对产品感兴趣的属于一类用户，第二步运营方就要用营销维护的方式去运营。而在第一轮沟通中暂时对产品不感兴趣的用户，运营方要考虑先让其进入用户池成为二类用户，再通过社群朋友圈的方式进行二次激活。在大部分用户都进入用户池后，可以采用社群运营和朋友圈运营的策略去衔接运营。

一般二类用户会在社群朋友圈进行充分的教育后，一轮又一轮活动成交，最终又进入客户池[1]。每一轮活动都会为客户池带来新生的血液，这就是业绩增长的来源，也是私域获取收益的最终目标。

由于本书的主题是围绕小红书运营开展的，因此关于小红书引流到私域之后，在私域进行进一步转化的话题延伸，这里就不再探讨。

扫描二维码查看更多有关私域运营的内容。

## 四、外部代理模式的矩阵

在进行小红书矩阵运营的时候，大家除了可以发动公司内部员工进行个人名义的矩阵运营，还可以发动外部代理参与矩阵运营。

### （一）代理模式的矩阵案例

2021年，我一个朋友从微商转型做小红书，一开始总是因为不懂引流规则频繁被处罚、限流。后来他调整了引流策略，被处罚的频率降低了一些，但仍然没有完全杜绝。当时我跟他说的是："小红书的平台当然不希望把它的用户往外带，所以只要有引流的诉求，就不可能完全杜绝违规"。他听进去了，但是没有认命——没认命就意味着他还会折腾——最后还真让他折腾出来了。因为他是微商出身，所以积累了很多早年做微商的宝妈人脉。现在随着微商崩盘，这些原来"左手事业右手家庭"的宝妈们也基本处于无所事事的状态。于是他找到这些宝妈，跟她们说要带她们做小红书。随后，这些曾经跟他做微商的妈妈们都注册了小红书，且宝妈们有强大的人脉资源，她们动员小区的邻居、自己的亲戚朋友也注册了小红书，每个人都形成了自己的

---

[1] 这里已成交的用户称为客户，未成交的用户称为粉丝。添加用户到微信这个过程，一般私域圈内称为"加粉"。

"小红书矩阵"。

他在小红书引流的目的是销售鞋子，因此他教这些宝妈在小红书上引流，也是为了卖他家的鞋子。最后有将近200个宝妈在小红书上引流帮他卖鞋子，这些宝妈人均3.1个账号，他相当于间接控制了600多个小红书账号在引流。按照他的说法就是："反正我自己做小红书也是引流卖鞋子，现在她们一起帮我卖鞋子，目的是一样的，只不过我不用掏空心思在小红书上引流，也不用每天担心引流违规被平台处罚了。"通过人脉资源矩阵间接控制了一个庞大的矩阵——从当年的微商模式衍生出来的这套模式，让我们对他佩服不已。这个模式我们后来称之为"化整为零"模式，就是把运营的资源需求和风险分发出去了，同时再出让自己的一部分利润，最终自己还是赚的，而且比之前赚得更多，同时不用对矩阵的维护劳心费神。

### （二）矩阵运营的策略思考

过去大家普遍对运营存在一个刻板思维，总觉得运营都需要自己亲力亲为，复制模式只能针对自己的团队。实际上，运营可以很灵活，它可以是资源的置换、资源的调度整合，也可以是前置重点、后端承包制等。因此，"矩阵"这个概念在小红书上给了我们很大的想象空间。而由于小红书引流的效果非常显著，新手只要走对方向，就很容易从中找到信心，这也是各平台中的独一份。很多团队和机构将小红书当作新媒体的练兵场，也不是没有道理的——这最大程度要归功于小红书集中的流量分发机制。

小红书这种集中的流量分发机制最大的弊端就是很多账号往往在爆了一个数万点赞的笔记后，如果没有遵循垂直算法原则，下一篇笔记就会瞬间回到原点。反过来，哪怕是新手新号，哪怕没有任何的沉淀和基础，在踩中小红书的算法热点机制，又符合相关规定的情况下，随时可能获得庞大的流量加成，上不封顶。

如果1000万个点赞就是明星，那么小红书就是普通人成为网红门槛最低且希望最大的平台——这个普通人有可能是其中的一个矩阵小号——这就是"化整为零"的魅力。在我身边，不少朋友通过小红书矩阵小号的运营获得了不错的成果，也有人因为不擅长矩阵运营，或者认为矩阵的维护太劳心费神，会选择这种"化整为零"的运营策略。而这种策略需要一定的与人打交道的技巧，适合那种可以妥善管理一套类似于代理合作机制的运营人员。应该说，代理机制的矩阵运营和自营机制的矩阵运营就是不同的运营方向的选择，可以选择其中一个，在精力允许的情况下，也可以两个方向都选择。这个具体要看创作者的需求和实际情况，没有标准答案。

# 小红书公域运营策略

在长期的小红书引流探索中，我们逐渐发现：小红书引流路径无论导向微信私域，还是导向小红书私域，其模式起初很容易拿到结果，但随着项目的推进和运营的深入，最终都难以放大到理想的规模。因此对于中小企业和部分特殊行业来讲，小红书私域在获取收益上有较大的价值。但是对于大部分销售标品的企业和个人而言，小红书公域才是主流的获取收益模式。目前小红书开放的公域获取收益方式以小红书电商为主，即"小红店"。本章将以小红店为核心，深入剖析小红书的公域获取收益模式。

## 第一节　小红店的内容电商化运营介绍

在 2018 年，"私域"的概念被推广，与之匹配的是"公域"的概念。顾名思义，"私域"就是私有领域，像微信朋友圈这种属于私人的场景，就是私域；而小红书这种开放式公共平台则是公域。互联网上对于"公域粉丝"的定义，其实就是抖音、小红书等新媒体平台的粉丝。粉丝虽然关注了你的账号，但是并不属于你，而属于平台。如果你是一名拥有一定量粉丝但并不属于知名网红的普通博主，除非粉丝主动选择查看你的主页，否则你如果想将笔记推送给你的粉丝，进而触达你的粉丝，需要借助"薯条"等推广工具进行付费推送，并选择

"推送给我的粉丝"——因此每次触达公域粉丝的成本和付费广告触达陌生用户的成本，可以说几乎没有区别。

在商业领域，"公域"和"私域"是两个完全不一样的业态。"公域"既然是一个公共的平台，那么所有的商业资源也是和他人共享的——这意味着，在公域对粉丝进行营销，竞争对手也可以在同一维度上对粉丝进行营销。这个"粉丝"可以指关注的用户，也可以指需要营销的特定人群。因此"小红书公域获取收益"，就是要直接将用户引导到小红书平台上的电商店铺进行下单。这个引导的"抓手"就是内容，因此小红书店铺又称为"内容电商"，俗称"小红店"。

随着抖音、快手等平台的短视频直播等内容形式衍生出来的新电商模式逐渐成熟，小红书也迎头追上。现在小红书开设的小红店正成为小红书自有生态中一个重要的获取收益手段。

要想在公域营销并获得生存优势，就意味着要在平台运营上比竞品技高一筹，那么公域的运营有哪些运营技巧呢？

## 一、小红店的开通和定位

### （一）小红书店铺开通方法

我们先介绍一下小红店的开通方法，具体如下。

第一步：打开小红书 App，随后点击菜单栏的"我"—"创作中心"。

第二步：打开"更多服务"，这个页面下有小红书开店的步骤。

第三步：打开"开通店铺"，即可进入开店流程。图 5-1 为小红书店铺开通功能页面。

现在多个类目已经可以零粉丝开店，并且暂时不需要缴纳保证金，只需要准备身份证实名认证即可开店。部分

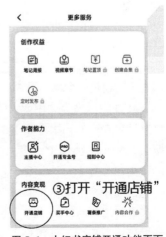

图 5-1　小红书店铺开通功能页面

类目需要行业或者品牌资质，这个需要提前准备好。具体类目比较繁多，这里无法一一列举，不过在进入这个流程后，页面上有具体的分类可供查询。

## （二）平台对小红书电商的态度

2023 年 9 月 17 日，小红书旗下自营店"福利社"发布致用户的一封信，表示福利社将于 10 月 16 日停止商品售卖，11 月 16 日正式关闭店铺。这被外界解读为"不与民争利""把流量还给创作者"，即自营平台会掠夺大量的平台流量，这使得商家对入驻小红店信心不足，届时小红店本就脆弱的电商新生态将因为商家入驻数量不足、SKU 不够丰富等原因进一步影响用户购物体验，最终项目有流产的风险。

有评论人士指出：小红店之所以不能像京东那样做自营，是因为现在已经失去了平台自营的最好时机。

小红书评论区现在出现最多的词就是"求链接""求带"，这表明了小红书评论区独有的带货氛围非常浓重，提供了新电商业态生长的肥沃土壤。很多商家已经开始留意到这一点，开始大量布局评论区引流小红店。这只是个开始，接下来本书将会系统地分析整个小红书公域获取收益的操作——尤其是小红店的运营体系操作细节。

## 二、小红店的引流：SEO 精准流量 ＋ 系统推流同步打爆

小红店开起来之后，我们要解决的最重要的问题就是流量问题。其实流量问题是一个综合问题，包括 SEO 精准流量和系统推流两个部分。

SEO 的原理为利用搜索引擎的规则提高网站在有关搜索引擎内的自然排名。比如，用户在小红书搜索"宝宝奶瓶"这个关键词的时候，搜索结果页的前几个结果，会获得更多的关注"宝宝奶瓶"的流量。由于用户是基于具体关键词搜索到的这类笔记，那么通过搜索点击这类笔记的用户，基本是需求比较精准的人群——因为用户往往是基于需求采取搜索动作的，这就是用户主动行为。

相比于搜索这种用户主动行为，市面上常说的"大数据推送"则

属于用户被动行为，也就是在算法分配下对这个笔记内容进行推流，用户在刷新小红书推荐页的时候会看到这类笔记在页面列表中。此时某笔记通过"大数据推送"被动触达有可能对这个内容有需求的用户，但不意味着用户一定有这个需求，或者用户在此刻并没有这个需求。

就算用户通过大数据推送点击了笔记，也可能纯粹出于鉴赏和围观的目的去阅读，其需求并不会像主动搜索那么明确。要知道，从营销的视角看，没有明确目的的用户是不容易进行转化的。因此在部署店铺流量的时候，既要做 SEO 精准流量，也要做系统推荐的流量。这两个流量在这里的表述都特指"自然流量"，即没有经过商业推广、仅通过系统自然匹配的自然流量。

## （一）SEO 精准流量的理解

只要用户搜索某个需求关键词的时候能看到你的笔记，你就有机会截流到这类流量。想要让用户看到你的笔记，你就需要优化你的笔记标题和内容，尽可能精准地展示在用户搜索的关键词结果页，这就是 SEO 精准流量。

举个例子：用户 A 搜索"装修风格效果图"这个关键词，他的目的自然是想要找一些装修风格参考。那么他为什么会有这个动作呢？很明显，他很可能近期有装修的需求。此时他通过搜索找到一些笔记，一般他都会习惯点击排名靠前的笔记。如果他对笔记内容比较满意，就有可能私信笔记的创作者，也就是这个博主进行咨询。这个咨询一旦建立，就意味着这个博主获取了一个有装修需求的用户，刚好这个博主大概率也是做装修的，那这就形成了"博主精准获客"的逻辑。而这个获客的方式就是"SEO"获客。如图 5-2 所示，在小红书 App 搜索"装修风格效果图"这个关键词后，可见高赞的搜索结果，这些结果属于该关键词下的热门内容。

通过笔记将这个流量导入小红书店铺，就是小红书店铺的 SEO 引流入口部署。当我们部署多个类似的关键词，并且都能让内容在该关键词的搜索结果中靠前，那我们就可以拥有多个 SEO 引流入口。当然，这只是理论情况，实际上，笔记要怎样才能靠前呢？我们需要做什么动作才能让笔记有更高的排名？接下来我们将具体讲解。

图 5-2　小红书关键词搜索界面

## （二）如何提升 SEO 排名

想要提升 SEO 排名，就要先了解"权重"的概念。权重是计算内容和搜索关键词匹配度、质量优先度的重要计算标准。

### 1. 关键词匹配权重

一个内容的关键词匹配度越高，用户在搜索关键词的时候，就更有可能优先看到这个内容。关键词主要分为"主关键词"和"长尾关键词"。主关键词辐射的人群更广，甚至可以模糊匹配多个长尾关键词；长尾关键词辐射的人群更加精准，人群也相对主关键词更窄，可模糊匹配的同类长尾关键词则更少。比如用户在小红书搜索"装修"这个主关键词，下拉框出现的"装修风格效果图""装修步骤流程"等就是长尾关键词。如图 5-3 所示，在输入"装修"这个主关键词后，小红书下拉框自动匹配多个以"装修"开头的关键词，如"装修风格效果图""装修步骤流程"等，这类关键词的结构为"装修＋细分目的尾词"，俗称"长尾词"。长尾词在小红书下拉框的排名在一定程度上代表着用户搜索的频率高低，用户搜索量越大的排名越靠前。

图 5-3 小红书关键词下拉框

而"装修"这类较短的关键词，则称之为"主词"。一般主词下均带有多个长尾词，代表不同的细分搜索需求。

长尾关键词的排名一般根据用户的搜索频次。但是不同产品之间可能会对应不同的长尾关键词，这样的搜索结果才能更加精准。比如主关键词"连衣裙"对应的长尾关键词"连衣裙修身显瘦"和"连衣裙微胖宽松款"就是两个不同的产品，这两个产品可能对应不同类型的商家。因此做修身款连衣裙的商家肯定是希望其内容能排在"连衣裙修身显瘦"搜索结果页面靠前的位置，做宽松款的商家肯定希望能排在"连衣裙微胖宽松款"搜索结果页面靠前的位置。因此大家要根据自身需求对应不同的关键词进行深度优化。

此外，关键词的匹配还跟内容中的关键词含量、标题中的关键词出现频率等有关。这里并不是说文章关键词越多越好，因为关键词太

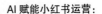
多可能会被系统认为是恶意堆砌关键词以提升权重，因此一般都是根据人类自然语言习惯，按照 5.8% 的比例出现核心长尾关键词。

长尾关键词是可以拆分后重组的，比如在文章中出现"我买了一条连衣裙，我妹妹觉得很修身，看起来比实际上要苗条很多"，这个语句在系统的抓取里面，也是可以匹配"连衣裙修身显瘦"的。并且如果刻意出现多次完全吻合并连在一起的长尾关键词，在系统识别语意不够通顺的情况下，权重肯定没有这种看起来比较随意却又囊括了长尾主要关键词节点的表达高。

因此要想获得更高的关键词权重，我们首先要考虑语言表达是否通顺，其次才是关键词的植入。当然，如果语言表达非常通顺，但是关键词基本没有出现，通过带"#"的蓝色字标签，仍然可以获得一定的权重。

这个权重没有非常确定的数值，平台也不可能让你摸索到固定的规律，这个算法肯定是在不断变化的——只有这样，平台才有可能把握住算法流量的主动权。对于任何平台来讲，让创作者完全掌握了权重算法规律，就意味着流量可能会向掌握算法的创作者单方面倾斜，这并不符合平台的利益。因此不少平台在面对权重的问题时基本都是含糊其词，甚至否认权重的说法。对于运营创作者来讲，我们只能了解大致原理，尽可能靠近高权重的逻辑，而不要试图完全按照权重的要求堆砌内容拦截流量。

### 2. 内容质量优先度权重

在关键词权重相等的情况下，系统还会优先筛选质量更高的内容排在更前面。质量筛选的依据包括以下几个方面。

（1）笔记的热度，数值越高，分数越高。

（2）笔记的封面清晰度、点击率等，数值越高，分数越高。

（3）含有视频的内容声音、图像、字幕清晰，剪辑合理，画面同步匹配。

（4）整体内容价值观正面。

（5）排版不杂乱。

（6）整体图片、视频画质清晰，色彩光影舒适，人物和场景观感好。

（7）内容逻辑清晰。

（8）无营销广告。

基于上述逻辑，系统会在不同的维度做分数加减，得出最终权重后才会分配排名。分数最高的，将在一段时间内排名在某关键词的前列，这个时间一般为 30 天。单篇笔记可以对应 3 ～ 5 个关键词，在 3 ～ 5 个关键词的权重排名中比较靠前。排名靠前的笔记一般要求点赞比例、单元时间内热度、互动率等指标综合分不低于该位置下同类笔记的综合分平均值。这个综合分依据系统内部算法得出，不对外公开。一段时间后，当排名靠前的内容点击率较低，或者远低于平均值，则会被逐步沉降，直至其所在的位置符合该位置下的平均点击率。

这项机制相对来说是比较公平的，创作者要想获得更多资源，掌握更大的主动权，就要基于这些规律调整自己的内容，直至获得更高的权重。由于综合分的计算方法不公开，这也给广大创作者更大的想象空间，具体表现为部分创作者经常产生"某篇笔记突然就莫名其妙爆了"的感觉。

## （三）SEO 长尾词、关联词的部署技巧

关联词指的是与该关键词含义类似或者需求上具有关联的词，比如"电动牙刷"和"牙刷头"、"奶瓶"和"奶嘴"就属于关联词。SEO 长尾词和关联词本质上是一类词，不过长尾词是带有主词的，比如"装修"这个主词，其长尾词可以是"装修风格""装修效果图"等，但是其联想词就可以不带主词，可以是"大厅布局图""房间风格设计"等，这些词实际上也能对等到装修需求，但不是直接主词延伸，而是含义衍生，我们称之为"联想词"。

一般长尾词和关联词才是我们做 SEO 的主要目标，因为主词受众人群太广，流量太泛，且竞争过于激烈，一般能上更好，不能上也行，但不能将主词作为主要的优化目标。

### 1. 关键词在标题中的部署

一类词指的是直接等于搜索关键词的词语，二类词则是跟搜索关

键词的含义有一定的关联性，但不等同于搜索关键词的词语。

比如用户搜索的关键词是"装修风格"，但是某笔记被识别出含有"房间装饰""欧美装修"等二类关键词，则有机会被匹配到该用户的搜索结果。

1）直冲法

示例："装修风格大全，家人们快看过来！"

这个标题就是典型的直冲法，直冲的意思就是直接把想要优化的二类词完整地放在标题最前面。这种做法一般比较有效，但有时候因为关联性太强，导致权重过高（超出模型），也会触发适当的权重扣分。所以权重太高也不好。一般大家采用这个做法发现 SEO 不明显的话，就可以采用其他权重稍低的策略。

2）拆词法

示例："家人们谁懂啊，我家装修居然是这种法式风格！"

这个标题就是典型的拆词法，即把二类词拆开分成两部分，让系统抓取。这种做法权重比直冲法稍低，但是往往能够切中模型，所以综合权重反而更高。而且这种做法会自动串词和拓词。比如本来想做的词是"装修风格"，但是系统却在"法式装修"这个词上给更多的权重。因此这种做法相对更加灵活，也比较适合小白。

3）后置法

示例："一定想不到我'60后'的爹会选择这种装修风格！"

这个标题是比较典型的"后置法"，即把"装修风格"这个关键词放在标题的最后面。其实放在标点符号的后面，即便处于标题的中段也属于后置法，比如"一定想不到的装修风格，我'60后'的爹选的"。后置法的权重略低于直冲法，略高于拆词法，适合用于上述两种方法的补充，可灵活应用。一般在具体语境需要用到这种方法的时候，也可以采用。在关键词热度不高但内容比较多的情况下，这种策略可以取得不错的效果。

4）中空法

示例："家人们谁懂啊，我家长这样，这算啥风格？"

这是典型的"中空法"，主要埋藏的关键词仍然是"装修风格"，但是标题全部没有出现这个完整的关键词，可能就只出现"装修"或者"风格"这一部分关键词。这种策略权重比前面三种都低，属于权重最低的，但是通过内容补全关键词，比如标题中出现"风格"，内容中则频繁出现"装修"的字眼，也是可以被系统识别到文章的核心关键词为"装修风格"的。这种策略在关键词热度较高而内容也比较多的情况下往往有奇效。这相当于拆掉标题中部分权重来均衡整个模型。很多关键词热度比较高、竞争内容比较多的词条下，权重过高的内容往往容易被淘汰，权重特别高的往往会被归为主关键词，否则只能归到一些边缘的关键词。而这种策略在自然流量推荐中能获得不错的权重，反过来，也能给 SEO 搜索动态加分。

### 2. 关键词在内容中的密度

包括笔记封面、笔记内容（包括图文、视频）中的文字，都会被识别为内容的大概念。根据人类自然语言习惯，在表达一件事的时候，逻辑最清晰的表述中关键词含量往往是 5.8%。因此在系统检测的通篇内容（不含标题）关键词最接近 5.8% 时会给予最高的权重。如果关键词含量过低，则可能被判定为不相关，或者是其他关键词的内容；如果关键词含量过高，则可能被判定为关键词堆砌等作弊行为，予以扣分。

同时，在关键词的部署中，也要更加注重行文逻辑的通顺。小红书的系统算法是具有一定的检测语段通顺与否的能力的，如果只是为了达到 5.8% 的关键词笔记而创作，那么内容会非常生硬，进而无法带来精准的流量。建议按照常规表达去创作，再稍微修饰一下关键词密度即可。

## （四）SEO 和店铺引流的关联

### 1. SEO 引流店铺效果差的原因

小红书运营中最可惜的就是 SEO 关键词排名比较靠前，流量也比较好，却偏偏没给店铺带来多少流量。

比如 A 商家 SEO 带来的搜索流量是每天 100，但是每天都能引流 80 人到店铺，引流率高达 80%；B 商家 SEO 带来的搜索流量是每天

8000，每天却也只能引流 80 人到店铺，引流率只有 1%，少得可怜。

出现这种情况的原因可能有以下三个方面。

（1）没有在评论区做好引流建设，这是最可能的原因，占比 60%。

（2）引流的内容和店铺销售的产品不一致，这个占比 30%。

（3）引流的关键词跟店铺的产品关键词重合度较低，这个占比 10%。

一般出现上述情况，都需要对内容、评论区进行调整。小红书的笔记是可以修改的，虽然修改会造成一定的流量损失，但是此时流量损失已经不那么重要了，重要的是怎样提高流量的利用率。如果空有高流量却没有多少收益转化，那流量也只是一个数字而已，没有意义。因此这个调整一定是基于店铺本身去调整，如果实在不知道调整的方向，可以考虑参考同行的内容。同行未必是最优秀的，但是同行本质上等于用内容为你测试了不一样的做法，而且这个做法很可能是行之有效的。一百个同行相当于一百个参与测试的员工——当你可以用这个思路去看问题的时候，你就是站在顶层设计的角度思考问题，你的工作就会因此变得更高效。

## 2. SEO 部署后如何引流到店铺

SEO 流量部署到店铺的具体做法有以下三种。

（1）评论区引导进店，可以通过蒲公英、聚光的工具辅助。

（2）评论区引导搜索，并用小号做一些正面的引导。

（3）评论区通过不同的视角产出产品的卖点，要尽可能客观，不要尬吹。

这些工作做完后，要及时跟进数据的情况，如果数据仍然较差，则考虑内容问题，而不是单纯调整评论区。如果调整 3 次内容后仍然没有效果，则不再考虑调整，直接放弃这篇笔记，重新洗稿或者写其他方向。这主要是因为笔记会有人群模型，一旦人群模型建立，系统会一直朝着这个模型方向去推送，而关键词搜索结果也会逐步倾向新的模型。如果一开始这个内容就跟店铺是不匹配的，那么一开始方向就错了，后面再怎么调整也难以改变。在这种情况下，重开账号是最好的策略。因此做 SEO 引导，要灵活应对不同的情况，不要过度死磕，不要注重一城一池的得失，哪怕是爆文，没有转化也可以考虑放弃。也不要轻易放弃任何一个有流量的内容，可能再努力一下，方向就对了，纠正也不是没有可能的。因此这里建议修改 3 次，作为一个校准的节点。如果是矩阵的方向做 SEO 引流到店铺的路径，反而不用做这么精细的运营，只要发布的内容足够多，流量来源就会一直持续。

除了使用 SEO 等手段给小红店引流，小红店本身的运营也需要遵守一定的规则，才能获得更多的公域流量，并且提升引流的公域流量转化率。接下来我们将会介绍小红店的店铺运营规则。

## 三、小红店的店铺运营规则

小红店的运营规则总体可以概括为一句话：按照规则走，会有更多流量扶持；不按照规则走，流量就会减少；违反规则，就会被处罚甚至封禁。

### （一）店铺运营红线

根据这个原则，我概括了一下小红书官方给出的关于"什么能做、什么不能做"的规则，包括以下几项。

（1）不得虚假发货、延迟发货、欺诈发货等。其中，发空包或明显不同的物品属于欺诈发货，消费者未实际收货属于虚假发货。

（2）缺货会受到平台处罚，需要在规定时限内发货。

（3）不得诱导非官方交易，比如诱导用户到拼多多平台下单，通过小红书旗下的广告平台跳转的第三方平台不在此列。

（4）绝对禁止刷单，一旦被发现会受到处罚。

（5）3 分钟内必须回复店铺客户咨询，否则会有处罚。

（6）纠纷退款率不应过高，标准是行业平均值。

平台鼓励做好备货规划，避免缺货。同时，小红店商家要建立完善的客服体系，避免影响用户体验。小红书电商的客服可以自己建立，也可以交由小红书官方托管。

平台的红线是万万不能触碰的，包括虚假发货、超时发货、欺诈发货等，也包括 3 分钟人工回复率、纠纷退款率这两大传统电商指标要及格，至少不能远低于行业平均值。这就意味着如果要入驻小红店，首先要有一个完备的客服体系，或者筹备初期应该物色好优秀的客服人才，避免客服因素导致的违规——这是很多电商新手或者新媒体转型公域获取收益的运营容易忽略的点。

同时也不能将用户引导到微信等第三方交易，这就意味着如果要做小红店公域带货，私域引流这条路就必须断绝——公域和私域，一般运营在小红书上只能二选一。当然，如果时间和精力充足，我们可以考虑用矩阵运营小红书实现二者兼顾，一部分做公域，一部分做私域。也有人表示这样太耗费精力，还不如就二选一，毕竟如果公域做好了，通过快递面单再获取用户的手机号，通过服务和售后导入私域做二次复购等引导，相当于将私域作为公域的后端承接，这也不失为一种科学的方法。这两种说法都具有一定的道理，大家具体可以根据自身的情况选择。

当然，行业和项目的不同，会导致我们各自的选择有所不同。我们需要根据团队的人员配备、精力、资金等综合情况做推演，最终采用利益最大化的方式运营小红书。当然，不管做什么选择，运营都不能跟平台规则正面冲突。

## （二）店铺直播规则

作为接下来小红店最大的流量来源之一，小红书直播也提前出台了相关的规则。

（1）禁止多平台直播。

（2）禁止未成年人出镜。

（3）禁止引导加联系方式、出站外。

（4）不得违反广告法规定的词汇禁令（极限、承诺、权威等）。

由于目前只有小红书店铺才有直播权限，小红书直播完全就是为电商标配的，因此直播和店铺规则是绑定的，一旦直播违规，可能会影响店铺。

这个规则中的第一条"禁止多平台直播"是很多人无法理解的，

毕竟我们最常见的场景就是一位主播面前架着多台手机进行多平台直播。但实际上大家仔细研究就会发现，不光是小红书，其他所有平台其实都是禁止多平台直播的，只是不少人都不会太在意这个规定——大不了就封号，反正都是直播，只播一个平台太亏了，多个平台同时开播能保证资源被最大程度利用，实现利益最大化。毕竟跨平台直播数据难以做到实时检测，所以即便跨平台直播，也未必会被检测到。反之，一旦被检测到，是会受到平台处罚的，严重的话，可能会被限流甚至封号。因此具体怎么解读这项规则，还是要由大家自己判断。

### （三）商家市场经营规范

以下几种情况会导致小红书店铺被封禁，也就是平台规则中的"终止合作条款"。

（1）商家经营的品牌对他人商标、商品名称、包装和装潢、企业名称、产品质量标志等构成仿冒或容易造成消费者混淆、误认的。

（2）存在恶意竞争、影响消费者权益、影响小红书声誉等违反市场公平竞争原则、诚实信用原则、公序良俗的行为。

（3）通过不正当手段使用小红书注册 logo、域名等用于不正当宣传、商业活动，给消费者造成误导、侵犯小红书知识产权等给小红书造成不良影响的行为。

（4）在线上、线下等渠道，通过文字或图片等方式发布恶意诋毁、故意矮化小红书的言论，给小红书造成不良影响的行为。

（5）违反《小红书第三方商家违规积分管理规则》，严重违规扣分达 100 分的。

（6）商家店铺以及关联店铺在小红书、自身官网或互联网销售渠道等存在售假行为的。

在正常经营的过程中，我们也要约束好团队成员或者店铺运营的参与者，避免有意无意违背平台的底线规则，否则一旦被解约，前期的努力都将功亏一篑。

扫描二维码查看关于店铺运营的详细规则。

# 第二节 小红店如何带货

小红店的流量来源主要有以下三种。

（1）笔记——通过笔记关联带货。

（2）直播——直播带货购物车直达店铺商品。

（3）私域带货——小红书群聊私域（非微信私域）。

目前小红书重点扶持的是直播带货，但流量的主要来源还是笔记，包括图文笔记和短视频笔记。其中带货量级比较大的基本是短视频笔记为主。另外，小红书群聊仍然处于初级阶段，大部分行业应用率仍然较低，但小红书群聊独有的即时沟通特征仍然能为电商带来一定的赋能。

接下来我将从这三方面详细阐述小红书的带货技巧。

## 一、小红店笔记怎么写

### （一）笔记封面

一个好的笔记封面能大幅提升笔记内容的点击率。用户通过阅读笔记被引流到店铺，随后又被店铺的商品吸引，最终成交。那么我们的笔记带货逻辑就要围绕"能吸引用户的笔记内容"→"能吸引用户的商品"这条主线展开。

用户点击笔记的动机一般有以下几种情况。

（1）闲来无事逛逛小红书，看到好看的小姐姐，点进去看看。

（2）闲来无事逛逛小红书，看到好看的照片，点进去看看。

（3）闲来无事逛逛小红书，看到引发自己好奇的东西，点进去看看。

（4）带着目的去搜索小红书，比如想找春季穿搭的方案，看到穿搭方案丰富的笔记，就很有可能点进去看看。

（5）带着目的去搜索小红书，想找一些旅游攻略，拍的图很好看、制作的攻略很细心……这些封面都能吸引用户点击。

因此，我们需要先模拟和拆解用户的行为路径，再根据用户的行为路径匹配我们的笔记内容。

## （二）产品类别和能吸引用户的对应内容

根据产品的特点，我们大致可以对其做以下分类。

（1）旅游类产品，基本以好看的图片吸引用户。

（2）保健类的产品，基本以功效和痛点吸引用户。

（3）服装类产品，基本以穿搭知识来吸引用户。

（4）咨询、考试类产品，基本以思维导图、上岸图、成果手册吸引用户。

（5）户外类产品，基本以使用场景吸引用户。

（6）日用家居类产品，基本以使用体验吸引用户。

（7）美妆类、社交类产品，基本以高颜值美女吸引用户。

（8）宠物类产品，基本以萌宠图片吸引用户。

（9）家电数码类产品，基本以参数对比吸引用户。

而那些虽然流量很大但是内容基本是随手拍、自拍、尴尬出糗、搞笑段子、裁员日记、猎奇新闻这种类型的内容，并不适合公域转化，只适合前期的起号。一些电影剪辑也能很好地带货零食和日用品，如果是个人自媒体创业或者相关的企业，在AI的加持下完全可以尝试这个渠道。

现在电影剪辑类衍生了小说、短剧的带货生态，也发展出了数百亿的市场，而且还在急剧扩张。总之，小红书在踏入电商平台运营的道路后，整个业态将是丰富多元的，也逐步适应各行各业和各种需求的项目入驻。

## （三）什么样的内容可以提升转化率

在用户被主图吸引点击进入笔记后，笔记的内容要有较强的带货逻辑，才能保障用户进入小红店的比例，以及进入小红店之后的购买率。

### 1. 内容的方向

一般以故事切入会比较能够吸引人，如果是图文就讲一张图背后的故事，如果是短视频，一般建议90秒内讲完故事。商业广告一般也就是30秒，所以前30秒应该有软广的植入，别忘了我们做内容的目的是为小红店引流。

公域的内容逻辑跟私域不太一样，一般公域的运营逻辑如下。

（1）特定人群→产品→详解。

（2）事件→提问→解决方案（产品）。

（3）问题→解决方案（产品）。

（4）数字→事件→产品使用经历分享。

（5）共鸣话题→个人看法分享（带出产品）。

跟传统广告的直接"尬吹"产品各大功能卖点、无限接近、无所不能的超值不一样，小红书的内容要求从体验出发，而体验往往只抓住一个产品卖点，让用户产生共鸣，甚至代入情境，这样产生的带货更符合小红书的群体。采用体验式软广告的形式做产品营销带货，这种带货方式也就是人们常说的"种草"。

实际上，最初的种草只是用户不出于商业目的的分享，他们单纯想要分享自己的真实体验，这样的体验在泛滥的夸大宣传中显得尤为可贵，于是逐渐获得了广大用户的追捧。随后"种草"成为一种时尚的风气蔓延到整个互联网，并且随着流量的聚集，商业化不可避免，于是"种草"逐渐发展成了今天的一种商业业态。我们追溯这种业态的来源，能够更好地提升内容的贴切度，真正写出好的内容。

### 2. 内容选题

至于内容选题，应该在一定程度上结合热点，或者最好是有一定的时效性＋实用性。比如维修大哥大的技术，就不要放在今天来分享了，毕竟现在早就是用智能手机的年代了。所以近几年分享的维修大哥大的知识是具备实用性的，但是已经失去时效性了，最多是迎来极少部分用户的围观，大家当作段子看一看、笑一笑，很难形成流量聚集效应，在带货的表现上更难出彩。

### 3. 内容的底层逻辑

小红店的引流笔记本质上是一种营销软广告。既然是软广告，就要从人的本性角度深度研究用户。内容的底层逻辑，其实就是基于用户心理进行研究。

举一个通俗的例子：网上经常有人说要完整的干货，但是当真正写出 1 万字的干货的时候，就会发现点赞寥寥无几，但是收藏的人却很多。然而，绝大部分人在收藏了之后，这辈子也不会再看第二次。这就是人性的特点。不同人群懒惰的程度不一样，当某类人群懒惰程度较严重时，我们要对应其懒惰设计和策划相关的内容，才能引发这类人群的深度共鸣。

用通俗的说法就是：人性的弱点有"七宗罪"，除了懒惰，还有贪婪、傲慢、嫉妒、愤怒、欲望和暴食。针对这"七宗罪"的营销分析如下。

（1）懒惰。给他们提供看起来很丰富的知识，虽然知道他们不会真的去学习这些知识，但是他们在拿到这些知识的时候内心是满足的，也因此触达了他们，然后实现了商业企图。

（2）贪婪。通过优惠吸引他们，让他们觉得自己占了便宜，也借此实现了自己的货品的倾销。

（3）傲慢。傲慢的人容易自我陶醉，受教育程度越低的人往往越容易傲慢。结合目标人群，建立一套等级和奖励机制，满足他们的傲慢，让他们沉迷于攀比中，坐收渔翁之利。

（4）嫉妒。这类人看不得别人比自己好。利用这个特点，"让前男友 / 前女友后悔死"一度成为服装穿搭广告的主流广告抓手。

（5）愤怒。人在愤怒的时候，最容易丧失理智，也容易冲动消费。至于用"仇恨"来做营销抓手的传统做法，我是不太赞同的，因为容易翻车，反而在"婆媳关系""黑心老板""黑心房东"等话题上，获得了大量的流量，而且社会影响面相对较小，抓取的流量也比较安全。

（6）欲望。欲望会驱动人的行为和动作，进而提升内容环节的互动率和成交率。

（7）暴食。零食一直是大众领域和低门槛领域最热销的一个类目，小红店一个零食种草笔记能在一个月内带来数万的销量。如图 5-4 所示，某小红店商家通过销售新疆冻干苹果，单品就获得了 6 万 + 的销量。

**图 5-4 小红书商家管理后台——营销设置页面**

对于这些逻辑的应用，大家需要在实战中逐渐消化。当大家能应用自如的时候，就能成为优秀的小红书运营者了。当然，这里我们还是绕不开 AI 的话题，就是 AI 其实并不具备情感，所以关于人性洞察 AI 永远取代不了人类。因此真正的内容架构永远是由人来做顶层规划和具体谋划，AI 只是一个执行的工具而已，要想真正把内容写好，大家真正要提升的是自己对人性逻辑的把握和用户洞察的内容。

应该说，内容运营的终点就是对人性的洞察，只有在底层思维上撬动用户，才能获得最佳的营销效果——往往一个好的选题，也能获得事半功倍的效果。选题可以说决定着出爆款的概率，而账号又限制了选题，因此想要多角度冲刺爆款选题，矩阵仍然是一个不错的解决方案。

一直到这个环节，AI 仍然是运营小红书的重要工具。使用好 AI 工具还能针对许多问题提出不同角度的解决方案。当然，提问这个环节 AI 并不算擅长，而且能够引发用户共鸣的、有时效性的好问题，还是需要人工去分析和寻找的，一直到 2024 年 AI 尚无该能力。

当用户表示对种草产品感兴趣时，仍有相当一部分比例的用户还不知道如何去小红店购买——他们还找不到入口。这时候需要在评论区引导他们点击商品链接，进入小红店店铺下单。

公域的引流跟私域的引流有较大的不同，公域引流要直接实现成交目的，而私域引流则是以引导加微信为主要目的，不需要一步到位实现成交目的。

因此公域引流笔记的语言要更加细腻，比如私域引流说的是"我还有更多方法来让皮肤变白"，这暗示可以让不少用户选择私信问"可以告诉我还有什么方法变白吗"，就可以顺理成章地把她们引流到微信。但是在公域引流上，就要说"家人们快冲！马上断货了！"或者"刚在他家下单了 2 件，导航→×××"，这里的"导航"其实就是"下单链接"，因为"链接"属于营销敏感词，所以用"导航"代替，属于圈子黑话，不少用户还是能看得懂的。有直接用表情包"∞"表达的，也能表示"购物链接"，同时小红书圈子语言中这个用法也是相当普遍的。可以在百度上搜索"emoji 表情包"找到这个表情包，同时这里还有数百个常用的表情包，在做小红书内容的时候比较常用。

## （四）小红店商业笔记发布技巧

商业笔记的发布注意事项：认证专业号并关联小红书店铺后，可以发布商业笔记。商业新手发布商业笔记极其容易违规。

### 1.违规情形

一般商业笔记违规的情形如下。

（1）商品未出镜、带货款式不符、内容没有围绕商品进行介绍。

（2）为了封面引流效果，采用与商品无关的图片当封面，这是不允许的。

（3）搬运类内容、非原创内容是不允许的[①]。

（4）创作的内容过度夸张，有炒作嫌疑。

（5）画风让人不适，如挤痘痘、大口吃活珠子、土味视频。

（6）违背价值观，涉嫌黄、赌、毒的内容。

（7）发布站外引流的内容。

（8）发布国家禁止销售的类目商品。

这些问题都是要先做好直播前的教育的，尤其是主播和运营，一定要先熟悉这些基础规则，再演练，最后才是直播。匆匆忙忙上直播往往容易出错，而直播的试错成本是极高的，一般不建议用账号的违规次数换取运营和主播学习成长的机会。

对于直播过程中有可能会触碰的问题，要提前做好规避措施。

### 2.规避措施

针对这些问题，官方允许的合理规避措施如下。

（1）内容采用二次创作，则可以避免非原创违规。

（2）在评论区表明让用户站内购买。

（3）在非刻意的角度展示站外广告，如无意间拍到广告牌，广告牌上有站外引流信息。

---

① 经原作者同意，标明转载并 @ 原创作者后则不会被判定为搬运内容。

（4）展示产品使用的效果，跟产品有较强的关联，则产品无须出镜。

在创作的过程中，创作者可以根据违规规避原则合理进行调整，如果遇到笔记违规的情况也不要惊慌，首先找到违规点，然后编辑调整，最后重新发布即可。如果因为违规就不再采用这类方式进行营销，而这类方式往往比较有效，那就走入因噎废食误区了。要知道，规则固然是需要遵守的，但运营的首要目标是给店铺带来流量进而产生业绩，而不是完全按照平台设定的规则完成商业笔记的发布任务。在实际操作的过程中，运营可以在避免违规的前提下灵活调整内容的方向，以实现内容效果最大化。

## 二、小红店直播怎么做

### （一）小红店直播的开通

小红店直播是不少店铺的主要流量来源，开通步骤如下。

#### 1. 开通店铺

这一步需要认证专业号，并且至少在开播前 30 天就完成开店。开店后要用至少 25 天的时间进行店铺运营，把商品上架、基础页面等基建工作做好，才能准备开播。

#### 2. 开通店铺自播权限

店铺自播是由店铺自营团队组织人手开播，并导流到店铺进行转化的。这一步要在开播前 5 天做完。此前已经运营了 25 天以上，不少商品已经是正常销售，并且通过笔记带货等形式获得了一定销量，只要再通过直播加一把火，就有成为爆款的可能性，因为直播可能带来短期内的销量爆发，从而获得流量权重和评级的指数叠加。

#### 3. 创建直播

创建直播计划有助于让系统提前规划你的直播间人群属性，在你开播时可以针对性地给你分发一部分适合你直播间内容属性的流量。

根据我的观察，直播计划还能给直播间和账号带来一定的权重加持。相比于没有创建计划直接开播，事先创建计划的直播不仅直播的安排上更加有条不紊，还能获得系统更多的流量推送。

### 4. 发布直播预告

目前小红书平台可以通过笔记、粉丝群、头像主页等方式发布直播预告，在有一定数量黏性粉丝的情况下，直播预告会比较有效果。如果粉丝是通过刷粉渠道来的，或者是突然爆了一篇笔记涨的粉丝且后续的笔记点赞基本在十几个左右，那直播预告大概率没有什么意义。这一步要在开播前3天完成，持续到开播前。

### 5. 设计直播间

开播前两天要设计好直播间的贴片，调试好直播间的布局、灯光、绿幕等，商品的上架和讲解顺序也要做好提纲，以免直播过程中产生混乱。

### 6. 测试优惠券、秒杀等功能

直播过程中优惠券的设置一定不能出错，否则会导致严重的客诉。

### 7. 调试直播间

直播前一定要做调试，避免因设备和设置等导致直播翻车。一般要在开播前一天完成调试。

到这里就可以正式准备开播了，开播后一定要记得分析数据并且复盘，复盘的核心基本就是围绕流量，其他的设置问题和功能问题可以作为教训总结。

## （二）小红店直播的流量来源

小红店直播的流量主要来源如下。

（1）自有粉丝，一般占比 5%～20%。

（2）笔记引流，一般占比 10%～30%。

（3）平台推流，一般占比 60%～90%。

这里的数据会交叉，还有一些由群聊等其他渠道引流到直播间的，这里不做列举。而通过这个数据也可以看出，流量大头还是平台本身的推流。如果失去了平台的推流，小红书直播间的人气基本会相当惨淡。

### （三）直播平台的平台推流

要想获得平台推流，必须先了解平台推流的依据。小红书直播间推流的依据如下。

#### 1. 粉丝数量的多少

粉丝数量越多，相应获得的推流也越多。

#### 2. 前几场直播平均观看人数

系统推流基本会保证直播流量不低于前几场平均观看人数，哪怕前几场是通过社群引流来了 1 万人，这一场没有做社群引流，只有 100 人观看，系统也会给补足 1 万个曝光。但是这 1 万个曝光只是推送到用户的界面，至于用户会不会点进来观看，取决于用户自己，因此直播封面和内容要能吸引人。

#### 3. 直播间用户停留时长

一般直播间用户平均停留时长决定了直播内容的质量，平台是鼓励质量好的直播的。

#### 4. 互动数据

直播间的互动数据直接影响了直播推流，在评论区跟用户互动也是加分的。这就意味着直播间的互动其实一半可以靠场控，另一半则看主播能不能带动用户去评论。因此场控这个岗位非常重要。

#### 5. 交易评价

平台会根据店铺的好评率综合考虑推流，一般会给店铺好评率高、运营信誉好的店铺优先推流。

### 6. 粉丝画像

不同类目的用户人群不同，直播间推流的人群也是根据账号粉丝画像推送的，一般不会推送粉丝画像以外的人群到直播间。因此有些比较冷门的类目人群基数比较窄，就算热门推流也只有几百人气。

## （四）小红店直播运营流量优化

直播间要想获得更多的流量，需要根据场观人数、观看时长、粉丝新增三个重点维度去优化。

1. 场观人数

2. 观看时长

3. 粉丝新增

4. 小红书直播经营策略

直播间的核心经营策略就是尽可能拉高客单价。比如卖电动牙刷的，本身一个电动牙刷配 2 个牙刷头卖 199 元，那么就可以通过在直播间 +50 元多送 3 个牙刷头，相当于 249 元可以获得 5 个牙刷头。虽然多送的 3 个牙刷头可能并没有多少利润，但是客单价从 199 元拉高到 249 元，这意味着整体的直播间客单人群档次都会上升，直播间 GMV（商品交易总额）也会上升，这在经营层面具有以下战略意义。

传统电商的客单价经常被忽略，就是因为很多运营人员并不具备战略思维，而这样的思维能让你的运营站在更高的维度去规划整条运营线。在用户洞察维度上，提高客单价的手段只要是"可选择性"的，比如 199 元 1 个电动牙刷 +2 个牙刷头，249 元 1 个电动牙刷 +5 个牙刷头，用户完全可以选择购买 2 个牙刷头的套餐，也可以选择 5 个牙刷头的套餐，这完全可以让用户自己选择，而且客单价高低并不影响商品使用。因此客户的决策上就会有微妙的区别，最终总会有一部分用户选择 249 元的套餐，总体客单价也因此提升。由于绝大部分用户在直播间购物后，并不会选择复购，本着"能卖多一点是一点"，所以单个用户尽可能提高客单价，也是平衡直播间广告投放成本、推广成本的一个重要举措。

当然，提高客单价一定要有一个科学的限度。同样以电动牙刷为例，一般电动牙刷头 2 个月更换一次，5 个牙刷头就是 10 个月，而电动牙刷的寿命一般也就是一年，因此这个套餐设置 5 个牙刷头是最合理的。如果一味地以提高客单价为目的，设置了 10 个、20 个牙刷头的套餐，会导致用户的反感，以致流失——这就是营销上的失败，是过于功利的反面教材。

## （五）小红店直播运营技巧

### 1. 营销节奏

直播间的经营也讲究营销节奏，比如，如果只是纯粹介绍一个产品，接着介绍另一个产品，这种轮播室的带货其实只适合部分百货类目，而且用户很容易疲惫。虽然抖音等平台有一些商家在采用这种方式直播，并且也取得了一定的效果，但是回到小红书这个平台上，在用户调性上就不够贴合。因此一般小红书上数据比较好的直播，都会采用科学的营销节奏，一般是：提出痛点→场景模拟→引入产品→产品讲解→秒杀话术。

在这几个步骤中，最重要的是秒杀话术。秒杀话术有以下几种形式。

（1）价格非常优惠：原价 99 元，现在只要 39 元，还多送两盒，再送赠品。

（2）稀缺性：这个面膜的原料，1000 千克芦荟里才能提取 12 克。

（3）活动：新直播间开播，我们决定搞 9.9 元秒杀的活动，仅限前 50 件。

这些场景需要训练主播的表情、语态，比如讲到活动的时候，一定要非常激动，非常兴奋，用演绎的姿态把活动的力度表现出来，才能获得直播间观众的共鸣，并且激发消费欲望，缩短消费决策周期。

### 2. 开播时间段

一般不同行业、不同人群最适合的直播时间是不确定的，哪怕是同一个行业同一个人群，不同时期的最适合直播的时间也是不确定的，这就要求直播运营要善于复盘，善于通过数据灵活调整开播时间。但是无须过于担心工作强度问题，因为同一个行业的开播时间大同小异，基本上不会有特别大的调整，只是会存在一些细微的差别，或者同一个直播时间段的重点偏移。而在直播间刚起步的阶段，开播时间段还未明确，属于在探索期，就需要在多个直播时间段分点测试，最终根据数据表现找到最适合直播的时间段。

### 3. 营销手段

直播间的营销手段包括如下几种。

（1）直播间专属大额优惠券。

（2）直播间商品满赠活动。

（3）直播间限时秒杀。

（4）商品短标题优化。

（5）主播的专业讲解。

### 4. 直播的选品

1）直播的选品逻辑

图 5-5 展示了直播的新手期和稳定期的选品，这里分以下两种情况。

图 5-5　直播的新手期和稳定期的选品

（1）新手期：70% 福利款 +30% 主打款。

（2）稳定期：30% 福利款 +60% 主打款 +10% 猎奇款。

其中，福利款指的是基本没有利润，也不考虑价格体系且成本相对偏低的价格，主要是用来"发福利"引流的，目的是增加直播间人气，人气基数足够大，在目标客户群体比例一定的情况下，成交数量才能更高。

主打款就是用来做利润的，也就是主要的爆款，或者想要主推的商品。

猎奇款一般不看利润，但是能让直播间氛围变得更加活跃，比如卖 100 元左右价位的包包的直播间，突然带货一款数万元价位的爱马仕包包、普拉达包包等，只要能拿下经销权，这种猎奇的效果还是相当可观的。当然，猎奇不一定指更贵的包包，也可能是自行设计的一款奇形怪状的包包，不一定要实用，但一定要具有讨论性，符合"段子精神"——这能很好地调节直播间的氛围。

2）选品的方向

选品要清楚地垂直，不要盲目地定位。选品的六大规则：低偏离、少让利、轻压价、高客单、多展示、重搭配，选品讲究一个"稳"。

（1）低偏离。即选品不能过度偏离预设轨道，尤其不能为了福利款而上架跟直播间整体人群和调性不符合的低价商品。在设定的直播间垂直方向上选品，不能因为意外收获了自己计划外的粉丝群体，就觉得"食之无味，弃之可惜"。

（2）少让利。很多人觉得直播间就是要便宜，所以让利到不可控的地步，甚至有些商品低于成本价销售。要知道直播间存在一定的退货率，有的品类可能高达 30%，如果让利过高，可能光运费都能亏到血本无归。

（3）轻压价。如果你是通过外部供应链采购直播间的商品，一定要注意不要过度压价，以免供应商无法保障你的商品质量。直播间的品控永远遵循"一分钱一分货"，不管供应商如何保证，都要死守这个原则，避免因商品问题产生不必要的客诉。

（4）高客单。单个用户下单金额为 100 元和 200 元，但利润都是 20 元，你选哪个？大部分情况下，我们都会选择 200 元。在成本可控的范围内，不用过度追求利润，有些搭销商品甚至可以不用利润，只为适当拉高客单价。在你能把控的范围内，尽可能做到高客单价，比如小杨哥卖纸巾，一定是一整套搭销，而不是单卖，这样对整个直播间的 GMV 等都有提升作用，进而带动整个直播间的权重，下次直播你就能获得更高更优质的流量。但是这里也要注重 ROI（投资回报率）的把控。客单价也不是盲目追求越高越好，前期只要是能保证不亏损的 ROI，你的目标就是拉高客单价。

（5）多展示。选择那种消费场景比较具有演绎性的产品，展示上更直观，更能拉动直播间氛围，比如炒锅可以演绎做饭，这种都属于展示的概念。需要注意的是，直播间的展示并不意味着单纯的产品露出，而是产品＋使用产品的展示。

（6）重搭配。有的商品适合讲优惠力度，有的商品适合讲特点，有的商品背书强，要灵活搭配。这个概念其实跟"高客单"是一个道理，搭配的目的也是提高客单。如果你用于搭配销售的商品都要追求利润，那你总体的商品就会超出其本身的价值，这个用户是有感知的，你可能会直接失去整个订单。但是你可以增加一个 SKU，这个新的SKU 即加上成本价的情况下，就能拿下这个搭配品，如此用户才会觉得"实惠""赚到了"，才会再次复购。复购对直播间数据正向优化是很有帮助的，因此搭配商品尽可能成本价出售。

## 第三节  小红店商家管理后台推广——千帆平台

入驻小红店成为小红书平台商家后，日常管理店铺的平台就是千帆平台。所谓千帆，即"千帆竞发"，意味着小红书希望平台的商家如江海之帆，你追我赶，争相行驶到彼岸。

和聚光平台相比，小红书千帆平台是对标抖音千川的一个平台，更适合初创商家、小微商家和个人商家的自主电商广告投放，投放跳转局限于站内。同时，千帆平台的投放更加简单、门槛更低，适合零基础或者基础比较浅的运营操作。相比于聚光平台的精细化投放，千帆平台更多的是模块化投放操作。

在入驻小红店后，使用商家后台的推广功能，即默认使用千帆平台推广。无论是个人店还是企业店，都需要通过专业号认证才可以创建推广，商家店铺则需要额外认证行业资质（任何行业都可以，如食品行业资质在某宝就可以找人代办）。图 5-6 展示了小红书千帆平台的开通条件。

图 5-6　小红书千帆平台的开通条件

# 一、使用千帆推广直播间

使用千帆推广直播间时，需要准备多个直播预告短视频，时长在 10 ～ 30 秒，这就是创意。

## （一）直播间推广流程

在设置推广目标后，选定几个创意分别投放，即可指定直播间人群（定向）进行推广。这里需要指定的人群就是希望进入直播间的人群。图 5-7 为小红书千帆平台推广直播间的流程。

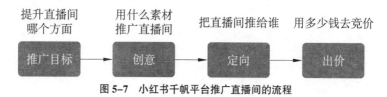

图 5-7　小红书千帆平台推广直播间的流程

直播间推广结束后 24 小时即可查看完整的直播营销数据，根据推广消耗的金额和 GMV 比例，查看哪个直播预告创意带来的直播间流量最精准、数据最好，同时也要结合直播脚本判断哪种类型的直播脚本更适合店铺转化。

## （二）直播预告的推广创意

直播预告的推广创意包括以下几点。

（1）推广创意最好是主播出镜，简单讲一下将会在几点直播，让大家点关注和预约，记得要涉及优惠等因素，否则用户没有动力期待直播。

（2）如果希望获得更好的推广效果，可以用简单的剧情演绎表示要在几点直播，也可以顺带讲讲优惠等因素，但是避免提及"福利""免费送"等违规词句。

（3）直播预告也可以是过往直播的片段（专业术语是直播切片），加上一些有创意的剪辑，吸引用户来直播间。

### （三）查看直播数据

在下播后需要查看直播数据。直播数据要重点关注"有效观看人数"这一项，表示用户在点击推广后能够在直播间停留 5 秒的数据。如果直播间都不能让用户停留 5 秒，说明直播节奏是很有问题的，那样就算把直播预告和推广做得再好也没用。要知道假设引流一个用户到直播间的成本是 2 元，但是 90% 的用户进来后都停留不超过 5 秒，说明一个直播间用户的成本就高达 20 元，这是很影响直播带货 GMV 的，必须先调整直播脚本，而不是去调整推广素材和计划。

## 二、使用千帆推广带来商品访客

可以在小红书上架管理后台使用千帆推广的商品，推广目标为商品访客。

### （一）千帆推广商品投放规则

在一定条件下，如果投放推广来的访客下单比例没有达成一定的目标，可以享受平台保障，平台会对推广进行赔付。

广告计划从首次投放出去（计划开始有消耗）的那一刻开始，至之后的 7 个自然日内，满足以下条件时，即可享受赔付。

（1）转化成本超过目标成本的 20% 以上。

举例：目标成本设置为 10 元，当转化成本 >12 元时，享受成本保障。

（2）前 7 天累计转化量大于等于 200。

举例 1：前 7 天累计转化量为 160 个时，不享受成本保障。

举例 2：前 7 天累计转化量为 200 个时，享受成本保障。

举例 3：前 7 天累计转化量为 260 个时，享受成本保障。

（3）成本保障生效期内，单计划每天修改出价或定向其中任意一个的次数小于等于 2 次，每小时内修改出价小于等于 1 次。

提示 1：投放模型成熟之前系统需求：一定时间用于探索对商品感兴趣、转化确定性更高的人群，积累转化数据。因此建议前 7 天不要频繁修改计划设置。

提示 2：修改定向包括新增／删除定向标签（如年龄、性别、地域等），"智能定向"修改为"自定义定向"等。

提示 3：未提及的调整不计算修改次数，例如修改计划推广时间、开关计划／单元等。

（4）系统判断"广告主无异常作弊等操作行为"。

在成本保障期间，客户如果存在异常操作行为，会被判定为作弊，包括但不限于恶意修改预算、恶意修改出价、恶意修改 ROI 目标等平台认定为异常作弊的其他操作行为。

## （二）使用千帆推广直接设定 ROI 目标

假设店铺出售一款商品预期目标 ROI 系数是 2.1，可以使用千帆直接设定 2.1 的 ROI 目标，如果系统推广未能达成设定目标，在以下条件下亦可进行赔付。

（1）成本保障生效期：从推广计划首次投放之时起，至当日之后的 6 个自然日内，为成本保障生效期。

（2）实际 ROI 低于目标设定 ROI 的 80%。

（3）前 7 天累计成交单量大于等于 6 单。

（4）成本保障生效期内，单计划每天修改出价或定向其中任意一个的次数小于等于 2 次，每小时内修改出价小于等于 1 次。

（5）系统判断"广告主无异常作弊等操作行为"。

## 三、使用千帆推广视频引流私信

现在千帆新增了短视频推广的功能。由于小红书的内容生态仍以图文笔记为主，所以小红书的视频需要通过某个带视频的笔记跳转后才会进入短视频内流。

图5-8为小红书千帆推广引流到私信的场景，当用户在发现页点击视频笔记时，进入内流，这个内流里就跟抖音一样，上下刷新就会有各种视频随机刷出，广告就藏在这些视频中。一般用户刷3～7个视频就可以刷到广告，如果使用千帆进行了这项推广，你的账户需求和属性又符合这个用户，用户刷到的可能就是你的广告，广告下方可以直接跳转小红书私信。

1. 在发现页双列点击　　2. 内流中刷视频，　　3. 客户产生兴趣，点
视频笔记，进入内流　　刷到投放的广告　　击营销组件进行转化

**图5-8　小红书千帆推广引流到私信的场景**

这个视频投放的功能仍然支持ROI成本保障，满足上述（3）的条件时，即可进行赔付。同时，用户点击这个视频后，阅读不超过5秒，不计算点击费用。

官方发布的千帆使用指南中重点强调了"直播预热"的功能，但由于我在使用过程中发现该功能效果并不明显（至少针对5万粉丝以下的中小博主不明显），因此这里不做进一步介绍。至于是否使用这项功能，大家可以自行选择。

扫描二维码了解小红书公域品牌战略。

# 小红书营销投放和品牌营销战略

大部分平台在小红书平台的运营还是以自然流量为主——无论是私域获取收益还是公域获取收益，或者是品牌搭建，主要还是围绕自然流量展开的。实际上，在2019年以后，包括小红书在内的新媒体平台的流量来源逐步转向以商业流量为主，而自然流量的比重则进一步降低。因此第六章重点介绍了小红书平台的商业流量，也就是俗称的"营销投放"，并以此衍生出品牌营销战略的拓展。

品牌营销的拓展本质就是流量的放大，而要想获得流量的快速放大，商业手段无疑是最快最合理的手段。商业广告主要的核心是ROI，即投资回报比，只要你从商业流量上赚取的收益大于你投入商业流量的金额，那你的营销策略就是正向的，这件事就可以持续做下去，并继续放大，直到触碰行业或者人群的流量饱和点。

## 第一节 小红书主流获取收益和广告营销平台的介绍

2020年以后，小红书商业获取收益的日程开始走上快车道，商业广告释放出来的潜力也是非常大的。要抓住这波风口，创作者就必须在小红书广告获取收益方向有所部署。商业广告目前也是几乎所有新媒体平台的主要营收来源，主要原理就是依托大数据算法对人群进行精准划分，随后在不同品类商品下匹配不同人群，再精准推送广告。

一般来讲，人群越精准、需求越精准，产品成交效果就越好，广告效果也就越好。同时，广告效果也受到内容素材、账户操作等综合因素影响，一般都要求有专业的广告投放团队进行操作，以达到更好的效果。

一般中等规模在蒲公英平台单次广告预算以数万元/次为主，也有部分品牌可以达到数十万元/次甚至数百万元/次的品牌种草预算。这些预算一般能撬动数十甚至数百达人协助该品牌进行种草，触达用户人数在十几万到几百万不等。为了达到品牌效果最大化，品牌方还会有一部分预算用于小红书薯条的推广。

# 一、小红书薯条、蒲公英、聚光平台介绍

## （一）小红书薯条的介绍

在笔记右上角的"…"处点击"薯条推广"，可以找到小红书薯条功能入口，如图 6-1 所示。

**图 6-1　薯条推广的页面入口介绍**

小红书薯条提供笔记阅读、点赞、收藏、涨粉等投放目标。

手机（移动端）操作投放。个人笔记右上角点击"…"即可进入小红书薯条投放；一般适用于个人或者中小商家投放，不需要专业推广技能；触达用户精准度一般，推广效果一般，主要满足少部分用户起号初期对于基础流量的需要，也有部分情况下用于商品和品牌笔记的加热，以获得更高的曝光；目前小红书薯条的价格为 50 元 5000 次曝光，不同领域的点赞转化率、点击转化率和粉丝转化率有所区别，需要根据实际情况区分。

## （二）蒲公英平台的介绍

图 6-2 所示为蒲公英工作台中达人和商家的操作页面：一般是达人发布带有商家品牌种草内容的笔记，然后加强曝光，按照 CPE[①] 的目标。

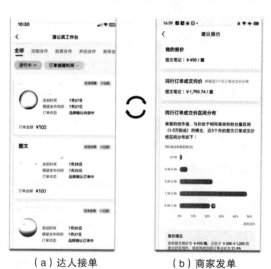

（a）达人接单　　　　（b）商家发单

图 6-2　蒲公英工作台中达人和商家的操作页面

---

① 小红书 CPE（cost per engagement）为广告计价模式，此处援引为商家对蒲公英平台广告效果的通用考核标准。CPE 是按用户的有效互动行为计算广告费用的。互动行为包括点击广告链接、评论、转发、收藏，甚至交易或注册。另外，在小红书平台上，CPE 还指粉丝数与互动数之比，反映账号的粉丝活跃度和黏性。CPE 数值越高，说明粉丝互动越频繁，对内容的兴趣度和参与度越高。这对于内容创作者和品牌主是重要参考，可评估账号的吸引力和影响力，制定更有效的策略。

蒲公英平台主要为商家招募达人提供沟通服务。在小红书上进行品牌推广时，商家和达人通过蒲公英正规流程进行笔记报备，在过审后进行发布，这种就是俗称的"水上笔记"；反之，商家和达人不通过平台报备而私下进行合作的笔记，未通过平台审核则有违规的风险，俗称"水下笔记"。平台对蒲公英平台报备笔记的审核原则如下。

（1）不得夸大品牌和产品，需要如实描述。

（2）需要通过场景软植入种草，不得以硬广形式呈现。

（3）笔记内容需要翔实、有意义、有利于社区生态，能为用户带来友好的阅读体验，不得创作纯粹为品牌推广写作的广告笔记，不得创作空洞的纯粹以广告为目的的笔记。

（4）不得抄袭，需要保证笔记的原创性。

（5）不得拉踩竞品，不得出现恶性商业竞争。

笔记的具体审核标准的解读可能因审核员的不同而有一些细微差距，无法做到完全标准化，但总体大方向围绕"种草"的核心逻辑是没有变化的。

## （三）聚光平台的介绍

聚光平台提供以下两种广告推广逻辑。

（1）信息流投放：通投、智能定向、人群兴趣自定义。

（2）搜索推广：行业词、以词推词、上下游推词。

用户通过点击广告直接达到私信页、购物详情页、群聊页等落地页，商家则在落地页部署转化。图 6-3 为聚光平台某婚纱照广告示意图，该广告在用户的"发现"页展示，用户点击进入笔记后，图片下方有咨询提示，用户再次点击咨询提示即进入小红书私信场景。小红书私信是一种私域场景，广告主可以在此对接用户的需求以及预约，也可以根据实际营销节奏决定是否引导用户到微信私域进行进一步促成交。

聚光平台前期需要一定的账户消耗①，而账户消耗需要一定量的笔记保障，初期至少保障 10 ～ 30 条笔记每天的内容产出，才能逐步优化产出较高的笔记和优化更精准的人群。

图 6-3　聚光平台某婚纱照广告示意图

一般周一到周五的消耗占比是 70%，周末的消耗是 30%，大部分行业会选择在工作日做主要投放，周末做辅助投放。

### （四）品牌广告：蒲公英 + 小红书薯条

早期的小红书主要以品牌种草为主，通过蒲公英收拢大量的达人，这些达人粉丝基本在 1000 以上，具有一定的基础流量和创作能力，商家可以通过和达人合作，借助达人的账户为自己的品牌种草。这种做法一度是小红书的主流商业获取收益的方式，而且推广单条笔记的价格在 100 ～ 2000 元为主，对达人和企业来讲都比较适中。只是随着推广的深入，纯粹的品牌广告已经无法适应大部分企业的诉求，且品牌广告效果无法直接跟踪实际业绩效果，只能通过笔记曝光数等表面数

---

① 消耗指的是账户投放消耗的金额。

值推断可能对品牌带来的加持。如图 6-4 所示，某品牌发布了图文笔记的合作需求，合作金额为 100 元的一口价——这与看到该需求的创作者报价一致。这位创作者的小红书账号粉丝为 1352，这个报价算比较合适的，这也是他的第一单。后续随着粉丝的增长，合作的笔记图文报价还会继续增加，愿意找他合作的商家也会越来越多。

> **合作需求**
>
> **合作类型：** 图文笔记
>
> **合作产品：** ▆▆▆▆
>
> **合作金额：** ¥100.00 一口价
>
> 你目前的图文笔记报价为 100.00
>
> **期望发布时间：** 2023年03月14日 - 2023年04月28日
>
> **邀约发起时间：** 2023年03月31日
>
> **邀约回复时间：** 2023年03月31日

**图 6-4　蒲公英某品牌广告合作需求页**

需要注意的是，普通创作者，也就是达人，每月收到的合作数量平均为 5～15 条。如果超出这个区间，说明自己的账号价值较大但报价过低，此时应该增加报价。增加报价可以将一部分没有实力的商家挡在门外，也可以减少账号的商业笔记比例，以免由于广告过多引发粉丝的体验感下降。

## （五）效果广告：聚光平台

由于蒲公英平台是以品牌广告为主，投放效果和投放定位有限，不能满足更多商家的个性化商品广告投放需求，于是"聚光"这样的商业广告平台开始承接更多的获取收益职能，并围绕广告效果做更多的深入研究。广告效果的衡量指标是 ROI，也就是"投资回报比"。

各行业广告投放的 ROI 系数最高普遍不超过 3.49，也就是投入 1 元的广告费，一般最高只能获得 3.49 元的销售额。随着竞争加剧，这个数据在多个行业呈现下降趋势，很多行业的广告投放 ROI 系数甚至下降到 0.8 左右，也就是投入 1 元，产出还不到 1 元，绝对是亏损状态。

那么，为什么即便是亏损，还有很多企业愿意去做广告投放呢？原因有两个：一是有的产品复购率比较高，虽然前端 ROI 系数只有 0.8，但是后期复购金额加前期首购金额能把综合 ROI 系数拉到 2 以上，扣除产品成本、推广支出等后，还有一定的利润；二是现在的私域模式可以支持把广告首购用户导入私域后端继续做深度开发,这里产生的复购同样是拉高 ROI 系数的主要手段。

早期的商业广告投放并没有什么特殊的技巧,因为市场还处于初期阶段,用户资源充足,只要素材预算充足,基本就能按照既定路线投放,基本能放大并且维持一定的 ROI 系数。在市场饱和度达到一定程度后,ROI 系数会明显下降,此时就需要进一步优化素材、优化投放逻辑、拓展人群等。

只要这个逻辑能够一直支持 ROI 系数在一个可控的范围内,且综合 ROI 最终能够维持不亏损,那么整个项目就可以规模化放大,一直到市场饱和,就能最大程度地抢占这个市场。图 6-5 为小红书聚光平台广告创建页面的主要板块。

图 6-5 小红书聚光平台广告创建页面(局部)

聚光平台采用 CPC(按单次点击付费)的广告模式为主。按照目前单次点击成本 3 元左右、3.9% 左右的转化率,一个中等企业一天获得一千个订单就需要每日消耗广告费 7.6 万元,那么数千家中等规模企业一年就能拉动一个百亿的广告消费市场,因此聚光给小红书平台带来的效益是巨大的。目前随着小红书的用户增长和平台的综合数据增长,聚光平台的定位愈加明确,且发展重点也会向聚光平台倾斜。

聚光平台的后台推广设置采用三级制,推广计划、推广单元、创意——一个推广计划下有多个推广单元,而一个推广单元下则有多个创意。图 6-6 展示了聚光平台广告的架构层级:推广计划可以创建 N 个,每一个推广计划下有 N 个推广单元,每一个推广单元下有 N 个创意。创意即展示给用户的广告笔记，广告笔记右下角会出现"广告"或者"赞助"字样。

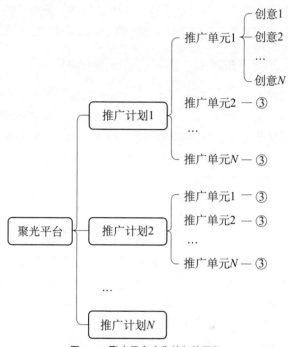

图6-6　聚光平台广告的架构层级

当推广标的为笔记时，创意指的是笔记内容，不同的笔记内容呈现不同的创意。创意的转化率和用户需求需要吻合才能达到更高的转化率，转化率高的单条素材可以带来数百万元甚至更高的广告效益。因此一个优秀的笔记内容素材是广告的核心，而优秀的创意素材需要经过大量的测试才能确定。这就意味着，聚光广告前期需要花费不少资金探索账户人群方向，并且一开始ROI数据并不会太好，商家进行推广时需要有这方面的探索预算。需要注意的是，所有广告投放并不能保证盈利，有些可能自始至终都是亏损的，聚光平台也一样。

影响广告效果的因素有很多，包括素材的吸引力、素材的种草逻辑、用户的精准度、账户的用户模型、投放的时间段等，这些因素都需要多次探索，最终才有可能逐渐接近正常投放产出值。目前符合小红书平台用户主流调性的家装、教育、情感、母婴、美妆等产品投放效果比较好，但保健、房地产、户外、电子数码、男装等产品投放效果则一般——这始终是围绕小红书平台调性的实际体现。

### （六）不同身份对应不同的获取收益方向

如果是个人运营小红书，较好的运营方向就是积累个人账号的粉丝，1000 粉丝以上即可入驻蒲公英，成为有机会和品牌合作的达人，每次合作都将获得 100 ~ 2000 元不等的合作佣金；或者会通过小红书薯条给自己的个人小红店推广。

如果是企业，有可能通过蒲公英和小红书薯条结合达到自己的品牌推广目标，也可能通过聚光平台和小红书薯条为自己的店铺、产品推广带来更多曝光量。

图 6-7 为不同身份在小红书平台的获取收益方向。可以看到，个人身份在小红书平台的运营基本以小规模的达人广告接单和带货获取收益为主，流量来源主要是自然流，极少会用到商业广告，偶尔只会用到小红书薯条推广，为自己的笔记增加一些曝光，但是效果也一般。因此个人一般不建议采用商业形式获得流量，在小红书的业态模型上也不支持个人形式的商业广告。

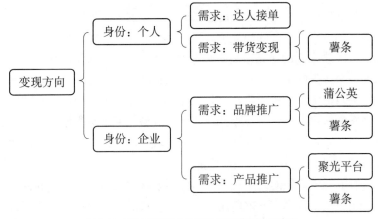

**图 6-7　不同身份在小红书平台的获取收益方向**

至于企业的广告，则基本以聚光平台为主，蒲公英品牌广告还是以达人合作为主，其投放的内容还是基于小红书原生内容，而非纯粹的商业内容。

## 二、小红书广告投放的违规情形和规则

### 1. 含有违禁词

所有广告法禁止的违禁词、政治敏感词、黄赌毒等都属于违禁词。

### 2. 违禁行为

引流导流到站外的行为、造谣、网暴和辱骂他人的不友好行为、转发好运等诱导行为、假借平台官方名义等虚假行为、免费领取等利诱行为都是违禁行为。

### 3. 违禁行业

医疗诊疗服务、制假售假行业、校外 K12 培训行业、论文代写、招商加盟、网络推手、虚拟货币等非法金融、走私车等非法汽车、烟草、宗教、武器、代购、窃听、沐足等娱乐场所、成功学、出国劳务等，都属于小红书的违禁行业。

### 4. 特殊开白行业

保健品、OTC 药品、医疗器械、家居、法律服务、合法金融、宠物等生活服务、税务等商业服务、学历提升等教育服务、特殊化妆品等类目可以经过特殊申请开白，可走官方邮件申请。

付费广告并非万能的，小红书的付费广告仍会受到平台的严格管理，一旦违规，可能会被扣分，并且根据扣分累积的节点进行处罚。以蒲公英的广告账户违规处罚标准为例，如图 6-8 所示，当扣分达到 2 分，系统会发送提醒；当扣分达到 4 分，系统会限流 7 天且限制当日起期内和往前 28 天内发布的该品牌相关笔记，到期自动解除；当扣分达到 6 分，系统会再次限流 7 天且限制范围包括所有该品牌相关笔记，到期自动解除；当扣分达到 8 分，系统会限流 28 天且限制范围包

括所有该品牌相关笔记，到期自动解除；当扣分达到 10 分，系统会继续限流 28 天，品牌词搜索页面会添加违规提示，且限制自然流量，并限制蒲公英内容在内的所有广告内容的流量，此时需要提交整改材料，并在材料达标后才予以解封。

| 触发分数节点 | 处置类型 | 处置周期 | 处置影响 | 解除处置方式 |
|---|---|---|---|---|
| 2 | 通知提醒 | — | — | — |
| 4 | 限流 | 7天 | 自处置生效日起，处置期内和过去28天内发布的该品牌相关笔记，均限制自然流量。 | 到期自动解除 |
| 6 | 限流 | 7天 | 自处置生效日起，在非品牌相关搜索词场景下，所有该品牌相关笔记，均限制自然流量 | 到期自动解除 |
| 8 | 限流 | 28天 | | 到期自动解除 |
| 10 | 限流 | 28天 | 自处置生效日起，品牌词搜索页面显示违规提示、所有该品牌相关笔记均限制自然流量、品牌关联企业号限制相关权限（包含广告投放、蒲公英内容合作权限） | 提交整改材料达标后解除 |

图 6-8　蒲公英的广告账户违规处罚标准[1]

　　很多品牌在推广初期会因为这样那样的违规被扣分，导致品牌推广账号受到一定的影响，但综合来讲这个规则还算宽容，且有多次调整机会。实际上，也有业内人士指出：广告完全按照规则，效果也未必好。虽然这个说法乏善可陈，但在某些情况下确实有参考意义。因此大家应该在投放前做足功课，尽可能通过竞品的广告拆解出可能的最优推广逻辑，再做进一步验证尝试。

## 第二节　小红书薯条投放

　　小红书薯条投放场景比较少，仅针对部分个人上热门的需求和部分品牌需要加强品牌笔记的曝光的需求，且并没有商业推广功能，一

---

[1]　来自小红书平台—帮助—官方规则。

旦涉及商业推广就会被判定违规。那么小红书薯条的实际应用意义到底在哪里呢？

# 一、小红书薯条投放介绍

## （一）薯条投放场景

下面列举几个主要的薯条投放场景。

（1）某用户发了一个美美的自拍笔记，但是点赞的人很少，她想要更多人点赞来满足自己的虚荣心，于是花了200元投放小红书薯条。

（2）某用户遭遇骗局，有微信聊天记录截图为证，她想曝光骗子让姐妹们避雷，于是花了100元投放小红书薯条，果然获取了大量的流量，半小时就有了50多个点赞，且数据还在飙升。

（3）某宠物品牌想在小红书上打响名气，于是找了30个千粉的达人写品牌种草笔记，没想到一个爆文都没有，随后只能增加预算选择他们认为写得还可以的5篇笔记，各投放1000元小红书薯条以增加曝光，最后结果还算勉强，他们总共获得了超过160万的曝光，评论达到2000+条，间接增加了旗舰店2000多搜索UV（网站独立访客），首日业绩增加了2.7万元，总体ROI系数大于2。

（4）某公司建立了自己的小红书矩阵账号，每个账号创建初期都选用一篇比较有潜力、不带广告的笔记投放100-200-300[①]的小红书薯条，以提升账号的基础权重，这个办法看起来很管用，账号起号周期缩短了15天以上，大幅缩短了工作周期，这笔账怎么算都是很划算的。

（5）某MCN机构想要打造自己的一批小红书达人，于是挑选了有潜力的一批达人，每人每周赠送500元的小红书薯条投放券，以加速他们的账号涨粉，促使账号快速成长。这种做法有一定的效果，于

---

[①]　100-200-300为小红书薯条投放的一种通俗的结构模型，意为：笔记发布后，1小时内自然阅读数超过1000，则投放100元的薯条一次；1小时内自然阅读数超过2000，则投放200元的薯条一次；1小时内自然阅读数超过3000，则投放300元的薯条一次；这类投放最多300元，为流量放大的试探性扩张法。

是一批优秀的达人短期内迅速成长起来，并且通过接单帮品牌做广告宣传，为 MCN 机构赚取了不错的收益。

（6）某程序员 35 岁被企业裁员赋闲在家，于是考虑做自媒体创业，并选定了小红书带货的赛道，苦于没有流量，他决定用小红书薯条增加自己的笔记曝光量。虽然前面不太熟悉规则，常常因为有营销违规嫌疑被小红书薯条审核拒绝，但是随着他在表述上的精进，逐渐掌握了小红书薯条的审核规律，后续违规率大幅下降，现在他已经能通过小红书薯条投放每个月给自己带来 3 万～5 万元的带货佣金收入，去除 1 万～2 万元的小红书薯条投放成本，收入仍然不低。

（7）上海某民宿"00后"老板在小红书上发布了一套旅游攻略并软植入了自己的民宿，但是流量一直较差，于是他通过小红书薯条增加了自己的笔记曝光量，这给自己带来了大量的私信咨询，其中不少用户预订了他的民宿，这使得民宿入住率从 15% 上升到 70%。而且随着投放的增加入住率逐渐爆满，最后他选择把多余的流量分包到附近的其他民宿，他则从中赚取差价，加上自己管理的民宿的收入，他现在月收入已经超过 5 万元，正准备继续扩大自己的民宿规模。

（8）某药店因为经营的是小红书禁止推广的类目，因此只能通过一些以药店为背景且带定位的段子在小红书上发定位间接引流。没想到这种方式给店铺引流的效果好得出奇，虽然笔记只有几百个阅读，但是每天都会有四五个顾客是通过小红书过来的。于是该药店决定继续用这个方式推广，并且采用小红书薯条进行流量放大，由此获得了不错的收益。

以上八个场景，从不同角度呈现了小红书薯条在不同需求下的应用，并且基本是一些成功的应用案例。这些案例是非常值得大家参考的。至于小红书薯条的内容要怎么写，大家需要结合自己的实际内容进行打磨。

### （二）小红书薯条投放违规点解读

小红书薯条投放的笔记内容中违规规避的技巧如下。

### 1. 功效性食品保健品

比如要宣传"失眠"的功效，要换成"睡不着""睡不好""夜夜难以入眠"，而不能直接用"失眠"，因为"失眠"是违规功效词。

### 2. 有诱导性的广告

如"找我购买"这个说法广告意图非常明显，小红书薯条投放肯定不能过审，要换成"我是在张三旗舰店买的"，这样用户就会去搜索"张三旗舰店"，流量就可以被间接引过去。

### 3. 营销意图过强

小红书平台非常注重内容生态，哪怕是广告，也需要注意跟生态融合，不能有过硬的广告，以免和小红书平台的整体"种草"调性相冲突。因此哪怕是广告笔记，也应该全程重点指向体验，要以种草的角度切入，而不要让用户一眼就看出意图是做广告。

### 4. 主观性描述

不同于传统广告的主观性导向，小红书广告更倾向于客观性推介，也就是"种草"的逻辑。因此笔记中关于广告商品的描述应该尽可能客观，多用"他们家的报备除了有××小瑕疵，其他都挺好的"这类的语气，少用"他们家产品采用最新黑科技，获得ISO国际质量体系认证……"这类的官话广告语。

### 5. 产品卖点表述

在讲产品卖点的时候，不要太贪心，有时候能把一个卖点讲透就足够吸引人了，不要像广告那样什么卖点都要讲一点，堆砌的种草逻辑很难获得用户的认可，就算勉强混过了审核员这关，小红书薯条投放效果也不会好多少。

这些注意事项一定要仔细消化，很多运营者觉得这个很简单，不过是常识，但是仍然有不少人是栽在这里的，尤其是新手。因此建议一定要在这些地方多发力，尽量以"种草"的姿态切入写内容，这样的内容才适合投放小红书薯条。

### （三）小红书薯条投放时间

小红书薯条不同于节奏紧凑的广告，在触达用户的时间上不需要过分注重 20：00—22：00 这样的黄金时间段，但是我们要站在用户阅读普通笔记内容的视角去考虑。

用户在阅读这些内容的时候往往是比较有松弛感的，账号的投放时间也尽可能贴合这个时间段，具体时间段建议如下。

（1）10：00—11：00，对于上班族、学生党来讲，这是摸鱼高峰期，对于自由职业和宝妈来讲，这是一天中难得的喘息时间，介于早餐、午餐之间的间隙。

（2）12：00—12：30，珍惜吃午饭的这半个小时，上班族、学生党基本会在这个时间段看手机。

（3）15：00—17：00，这个时间段是中年群体，也就是小红书上比例不高但是消费力非常强的群体最活跃的时期，也是自由职业者的主要休闲时间（比如小卖部老板、饭店老板等，这个时间最空闲），当然，也是上班族和学生的摸鱼高峰期，因此这个时间属于黄金时段。

（4）18：00—20：00，这是下班回家在公交地铁上的上班族刷手机的高峰期，这个高峰期适合推广一些家装、宠物等比较靠近家庭生活的产品。

（5）22：00—00：00，这个时间段对冲动消费的群体来讲非常重要，因为他们大部分的购物决策都是在这个时间段进行的。很多类目都可以在这个时间段的投放中拿到较好的结果，因为这是他们安静刷小红书的集中时间段，而且这个时间段他们懒于思考，容易被种草，甚至有"说走就走"的冲动，尤其适合旅游行业、母婴行业等，也比较适合食品行业、教育培训行业等。

一天中适合小红书薯条投放的基本是这 5 个时间段，其他时间也可以持续投放，但是起步时间就比较建议在这几个时间段。

尤其是上述描述中还有行业的穿插分享，基本是小红书的热门类目，这个可以根据具体情况对号入座。这些时间段的信息是经过多个项目的验证得出来的，经历了时间的考验，因此我个人认为这是比较适合新手直接参考的。至于老手，可以根据自己之前的投放经验做对比，不妨也测试一下我给出的这几个时间段，再综合考虑这几个时间段是不是最优的。

### （四）关于薯条投放的思考

小红书薯条在很多人心中其实不算是能够产出比较好的效果的一种广告产品。但是既然小红书薯条至今仍然存在就有它的意义，尤其是小红书这种以内容为主的平台，只要内容能够贴合平台生态，小红书薯条确实是获得更多曝光的一个不错的工具。因此现在更多 MCN 机构喜欢使用小红书薯条推广达人的小红书笔记——小红书薯条推广效果越好，意味着笔记内容深度也越深——要知道，小红书薯条本身是不能做明显的广告的，但是如果能通过非广告内容做出广告的效果，说明文案的功底已经非常深了，这样接下来做蒲公英和聚光的推广都会如鱼得水。

应该说，在平台机制的限制下，能做好小红书薯条推广的，一定是文字功底相当不错的，小红书运营的能力自然也相当不错。我更建议新手使用小红书薯条练手，因为小红书薯条推广的风险相对较低，大不了就是审核不通过，或者笔记被封禁，下限很容易掌控。而内容撰写的上限，也可以通过和小红书薯条审核人员的博弈进一步提升。这可以说是一个很好的"练兵场"。

目前我身边通过小红书薯条获得不错效果的主要是个人自媒体和实体店，优秀的案例收益基本也在几万元一个月左右。要想达到企业动辄上百万元的业绩需求，基本还是以更加商业化的工具——聚光或者蒲公英为主。

## 二、小红书薯条投放的局限性

接下来我将用一整个小节阐述小红书薯条投放的局限性。为什么要用一小节呢？因为小红书薯条的投放背后涉及复杂的推广审核机制，也涉及对平台生态的理解，甚至很多人在从小红书非商业到商业获取收益的成长路途中，小红书薯条都是比较重要的过渡环节。而且薯条的投放门槛比较低，几十元都可以推广，非常适合新人练手。

## （一）小红书薯条推广：平台的本意是什么

小红书平台推出小红书薯条这个产品的目的到底是什么？

很多人在接触小红书获取收益后其实都有这个疑问：既然小红书薯条不能推广告，不能获取收益，为什么会有人用小红书薯条呢？用小红书薯条的意义到底是什么？

其实从小红书薯条的功能页面看其用途就可以得出答案。

如图 6-9 所示，打开小红书 App 中的小红书薯条的推广目标页面，可以看到，小红书薯条推广的目标如下。

（1）点赞收藏量：增加的笔记互动数据。

（2）笔记阅读量：增加的笔记有效曝光数据。

（3）粉丝关注量：为账号涨粉，满足养号需求。

（4）主页浏览量：增加主页浏览，如果带货商品在主页展示，相当于增加商品曝光。

**图 6-9　小红书薯条的推广目标页面（局部）**

如果主页个人介绍标注了邮箱等联系方式，就相当于增加了获得主动合作的概率。

很多创作者或多或少地植入自己的营销目的——而这种笔记在小红书薯条审核的过程中往往也会被通过——只要别太过分。这也是小红书薯条在处理"花钱不能做广告"的矛盾时一个衡量的边界。围绕这个边界线，运营是有一定的运作空间的。现在我们需要将这些运作空间转变成实体的运营思路，并且落实到具体项目中。

## （二）小红书薯条为什么要限制做广告

小红书薯条作为一个付费流量产品的矛盾点，就是"既要用户花钱买流量，又不能让用户直接获得流量收益"，这个问题要分两头讲。

### 1. 账号运营的本质

如果用户用小红书薯条实现涨粉、获取点赞等目的，那只能获取一个虚无的数据，而不能获得实际的收益，用户是没有动力去继续付费使用小红书薯条推广的。那么这时候小红书薯条就应该是一个鸡肋的产品，它的存在就没有意义。但是事实上，小红书薯条仍有不少用户在使用，为什么？这只能说明一点：小红书薯条实际上是能给用户带来实际收益的，只不过小红书薯条的产品设计上，并不希望用户直接获得收益——要想直接获得收益，可以去聚光平台直接做广告。而小红书薯条是指向用户深耕自己的小红书账号的一款产品，用这个产品的目的是增加自己小红书账号的曝光、点赞互动、粉丝数等数值，然后提升自己账号的粉丝黏性，建立跟粉丝的良好互动关系。

### 2. 小红书薯条的产品意图

小红书薯条的本意是要引导用户付费建立自己的小红书账号体系，这样既能够增加用户的沉没成本，增加 UCG 的黏性和活跃度，又能够提升小红书账号运营的门槛。而小红书薯条的投放金额则被认为是运营小红书账号的"门槛成本"——即不能让小红书上人人都成网红，不能让人人都可以使用小红书薯条进行推广，否则大家都可以免费获得大量流量，良莠不分，那么平台的生态也就不复存在了。

那么问题来了：花了钱投放小红书薯条的，难道就是优质笔记吗？同样的笔记，凭什么花钱的就能获得更多流量，不花钱的就不能获得更多流量？这不是跟"优胜劣汰"的平台内容机制又相违背了吗？

这个问题是值得进一步论证的。

这时候不得不提到小红书薯条的审核机制，即"虽然花钱推广小红书薯条，但是不代表一定会过审，不过审的话，推广申请是会被拒绝的，订单也会被取消，金额会原路退回"。这就在一定程度上杜绝了"质量差的内容也能买流量"的可能性，相当于"只有平台认为质量好的内容才能买流量"，在一定程度上保住了平台生态的下限。

也就是说，想要通过小红书薯条推广内容，除了不违规，质量还要过关——或者说，内容质量不能太差也是合规的一部分。因此，如果小红书内容质量不高，想通过薯条买流量，那是不被允许的。

# 第三节　蒲公英平台的投放

什么是蒲公英？小红书的蒲公英平台是怎么诞生的？对此相当一部分创作者都有一个模糊的概念：蒲公英是连接商家和达人的一个合作平台。官方的蓝皮书对蒲公英平台的定义是：蒲公英平台是小红书推出的优质创作者商业合作服务平台，致力于为品牌和博主提供优质、高效、安全的内容合作服务。

## 一、蒲公英的基础介绍

根据小红书的官方数据，蒲公英现有达人 10 万以上，覆盖 30 多个类目，能触达小红书平台 2 亿多粉丝。

### （一）蒲公英广告的转化流程和原理

蒲公英广告转化流程如下。

（1）用户通过系统推荐或者主动搜索的方式浏览了蒲公英平台推广的广告笔记。

（2）用户认可了笔记的内容并产生了点赞、评论、收藏等互动行为。

（3）用户进入需求决策阶段，此时用户会根据自身的实际需求决定是否选择广告中的商品或者品牌。

（4）用户需求初步明确。蒲公英广告分为直接跳转和间接转化两种。蒲公英广告中的直接跳转成交可能指向小红书店铺、京东店铺等，跳转后用户直接在落地页选择是否下单。如用户在落地页下单，则广告效果标注为"已转化"，且返回成交金额等数据。

而间接转化则是以种草品牌关键词，引导用户自行搜索购买为主。此时用户可能会根据笔记内容的提示自行进入第三方平台进行广告中所述内容的了解，并有可能购买相关商品。用户产生购买的商品可能与广告所示的内容有关，也可能与广告无关。为提升广告的转化效果，蒲公英间接转化广告应该具备品牌关键词全网独占、品牌关键词电商品牌搜索闭环等基本特征。因此，蒲公英间接转化的广告一般被认为更适用于知名品牌。

### （二）蒲公英的广告匹配机制

蒲公英是通过"匹配机制"连接达人和品牌商家的。

蒲公英搭建了定向匹配和智能匹配双体系，帮助品牌高效挑选博主。在定向匹配上，蒲公英有完善的标签体系，除了博主的基础信息，还包含内容类目博主人设、内容特征新锐博主等关键标签，帮助品牌更加精细化地匹配到合适的博主。笔记关键词搜索可快速定位笔记中提及相关内容的博主。在智能匹配上，可进行相似博主拓展与个性化推荐。

如图 6-10 所示，在蒲公英平台的定向匹配模式下，广告主可以通过标签筛选和按笔记关键词搜索找到合适的达人；而智能匹配则通过已合作或者已选定的博主相似的账号进行推荐，或者根据批量匹配数据提供个性化的排序结果。

在蒲公英下单时，可以选择优效模式，通过流量加持的方式让笔记的曝光量更加稳定，避免出现单个博主笔记曝光量差距大的情况。

蒲公英的定位仍然跟薯条有一定的类似，即"助力品牌笔记上热门"——也就是说，蒲公英仍然不是花钱就能作弊的工具，要想上热门，仍要按照平台规则老老实实创作。命中算法后才有机会上热门，蒲公英只是一个助力而已。

**品牌合作-优效模式**

笔记发布后15天内至少获得N次曝光，曝光量超过博主近一段
时间80%的笔记。

**一站式购买 操作便捷**　　**流量有保障，效果更确定**　　**优质流量提升爆文几率**

无须额外操作
在下单过程中可直接勾选

投放前即可得到明确的曝光预期
流量至少高于该博主近期发布的
80%笔记

系统优选精准用户，降低曝光成
本和互动成本，提升爆文概率

**图 6-10　蒲公英平台——优效模式** [①]

如图 6-11 所示，蒲公英合作笔记发布后，可以投放品牌广告或竞
价广告，进一步扩大内容触达的用户群，延长或放大笔记热度。这里
呈现的蒲公英广告的最大特点即"保持笔记热度"，其次即该特点和
"用户破圈拉新"及"加速爆文产出"相辅相成。

**广告投放**

通过投放商业广告，进一步扩大内容触达的用户群。

用户破圈拉新

加速爆文产出　←　保持笔记热度

**品牌广告**　　　　　　　　**竞价广告**

优质流量位曝光，极致扩大影响力。
如开屏、信息流GD、搜索第三位等。

灵活出价，高性价比放大内容价值
如搜索、信息流CPC、竞价CPM等。

**图 6-11　蒲公英平台广告投放模式** [②]

到这里蒲公英已经具备初步的广告特征，此时的投放目的转变为
"保持笔记热度"。也就是说，原本 3 天就会沉寂的笔记，通过蒲公英

---

① 蒲公英帮助中心，https://pgy.xiaohongshu.com/help/docs?id=2807&userType=1.

② 同①。

可以维持 10 天甚至更长时间，相当于"花钱买了续命丹"。

这么看来，蒲公英是比薯条有用一些的，功能深度也更进一步。

## 二、蒲公英科学投放技巧

在使用蒲公英进行投放的时候，需要注意以下三点。

### 1. 投放内容的基础要求

蒲公英笔记投放的基础要求包括：笔记要报备、封面要简洁、内容要原创。

在蒲公英投放笔记时，广告主一定要对笔记进行报备。报备的笔记在审核上虽然略比常规的严格，但是可以大量减少违规的风险。毕竟蒲公英还是允许一部分商业体现的，虽然不能完全等同于商业广告，但是只要不过分，该体现的点委婉一些也是可以通过审核的。如果没有报备，就相当于水下笔记，也就是私下和达人合作的笔记，这种是不受平台保护的。报备笔记在被误杀后还可以走官方通道恢复，也可以通过后台客服申诉。

同时，广告笔记封面也要尽可能简洁。毕竟是商业广告，要追求的是转化效率最大化，简洁、通俗易懂的封面更容易让用户真正认可内容，从而进入购买需求决策阶段。而封面复杂的内容也许会引发较高的互动，但绝对不会有较好的转化效果。封面的简洁意味着用户接受信息的周期更短，信息传递链条也更简洁。短期内大部分用户就更能理解你的意思，只有用户理解了，广告的种草目的才有可能达成。否则用户可能就是一眼扫过去没有明白要表达的意思，可能会直接划走。如果封面让用户觉得很有趣并点了赞，但复杂的封面内容设计让用户无法在第一时间理解封面的含义，也无法到达商业转化的需求思考层面，那么用户就只是单纯出于对内容的好奇而点赞，而非真正认可了内容，更没有进入购买需求决策阶段。而在系统行为记录中，这种"点赞"的情况看起来很正面，但其实这个数据会造成误导，导致大数据更多地向这类并没有真正认可内容的用户推送广告笔记，最终很可能会造成广告的转化效果差。

### 2. 投放内容的原创性要求

用于广告投放的内容一定要原创，否则一定会被系统检测到非原创，不仅会有处罚，还会使得原本正常跑量的账户被迫暂停。其实如果发现高转化的好内容，完全可以进行伪原创二次创作，但是一定不要抄袭，哪怕是抄袭自己的内容都不可以。抄袭任何内容都会被系统判定为非原创，从而限制笔记的流量，甚至对笔记进行处罚。蒲公英投放的内容本质上还是在小红书内容生态的建设范围内的，因此不允许有低质和抄袭的现象存在。

### 3. 投放放量流程

批量投放流程为：小额投放测点、固定预算测面、批量投放复制。

这里的"投放放量"指的是：当笔记内容数据的效果比较好、转化效果较佳的时候，可以考虑加大投放金额，增加投放量级。原本投入 100 元能获得 300 元订单，按照这个比例想要获得 3 万元订单，就要投入 1 万元，从 100 元放大到 1 万元的投放金额，这个过程就是放量。放量是有一定的章法依据的，不是盲目放量的，也不是真的 100 元马上就放大到 1 万元了，前面只是举个例子。事实上，在投放的过程中，可能需要先 100～300 元小额投放测点，这个"测点"的意思就是先看这个笔记的数据表现怎样，如果是数据比较差的，可能就直接不考虑继续投这个内容了。如果数据好，也要"固定预算"去测面，固定预算一般也是 100 元、300 元、500 元、1000 元这样的档位。

如果我们将每次 100 元、300 元、500 元、1000 元这种投放费用当作一个个投放逻辑点，多点投放后就形成了一个投放逻辑面。此时只需要取综合数据基本就能客观判断这个笔记的综合互动率、点击率、转化率等数值，就能判断这个投放面的投放效果。在确定投放面之后，就可以一面一面地复制，比如一组就投放 100+300+500+1000 元，效果持续向好的话，可以投放 2 组、3 组、4 组，甚至更多组，这就是批量复制。这里需要用到多个 SPU（标准化产品单元）的，因此投放的时候一定要灵活，不要受限于 1 库 1 投的固化思维。

**4. 加投标准界限：点击率超过 20%加投，点击率低于 10%减投。**

第 2 点中，当我们遇到数据表现较好的笔记内容时要考虑加投，同时考虑加投的边界在哪里。一般点击率超过 20% 才算好的笔记，才考虑加投。当然，一个内容不会无限制地放大，小红书平台本身的用户群体也是有限的，在跑到精准人群基本饱和之后，点击率也会降下来。这时候我们可以划定 10% 的界限，只要低于这个界限就要开始考虑整体计划减少投放，最后减少到一个个点，直至声量逐渐沉默。

## 三、蒲公英平台的笔记投放案例解析

### （一）蒲公英投放的 CPE 案例

蒲公英平台最早的有效投放方式以 CPE（click per engagement/cost per engagement）为主。CPE 是广告计价模式的一种，是按照用户的有效互动行为计算广告费用的，包括形成一次交易、获得一个注册用户，再如用户点击一次广告链接、评论、转发、收藏一次广告内容都会收取相应的费用。这种广告模式其实会带来一个微妙的转化比，即基本上每两个品牌的小红书种草笔记互动都能给该品牌的天猫旗舰店带来 1 个精准的搜索流量。当搜索流量的转化率达到稳定的比例时，即可计算出 CPE 带来的间接收益。比如小红书每个 CPE 成本为 1.5 元，那么带来一个精准的天猫旗舰店搜索流量的成本为 1.5 × 2=3 元，按照搜索转化率 10% 计算，即每 30 元可带来 1 单成交，当客单价大于 30 元时，该渠道的 ROI 系数即大于 1，这个项目就有放大的可能性。如果 ROI 系数远大于 1，则可以大胆扩大规模，并一步步验证。

这套机制目前广泛应用于在天猫、京东平台有独占品牌旗舰店的项目，而且只有这种品牌才能对小红书的品牌流量进行截流。也就是说，只有用户经天猫、京东搜索种草的品牌关键词时，显示的结果页面基本都是品牌店铺（70% 以上），才能截流这部分搜索流量，否则这个投放动作就成了"为别人做嫁衣"。如果现在想要采用这个方式在蒲公英做推广，记得先打通上述品牌旗舰店的搜索闭环。

当然，也可以采用"阿里品销宝"这款产品进行品牌搜索闭环辅助。这是阿里巴巴旗下一款能够让搜索广告页稳占结果页第一坑位的工具，能够直接对品牌搜索的流量进行拦截。

这个策略属于付费拦截品牌流量的策略，跟小红书蒲公英品牌营销相辅相成，如果能结合上述商品链接稳占关键词搜索结果页 70% 以上的比例，那么截流效果会更好。如果确实无法进行商品链接的部署，可以先用品销宝进行店铺品牌的部署，以实现 CPE 营销的闭环。

CPE 营销本身就不是一个完整的闭环，必须有品牌官方旗舰店在天猫、京东等传统电商平台的辅助，才能构建这个完整的闭环。至于部分品牌可能也在小红书开设了品牌店铺，是否能够替代天猫、京东等传统电商平台做后端闭环这个问题，我认为是不能的——毕竟小红书还不是用户购物决策的第一搜索选择点。

## （二）私信营销

私信营销是从蒲公英私信组件中延伸出来的营销业态。

如图 6-12 所示，用户通过点击笔记评论区的置顶评论中的"立即咨询"即可直达与商家的私信聊天页面。此时商家可以在私信端口询问用户的需求，并且可以选择将用户引导到微信私域，通过微信私域进一步和用户进行产品和需求的沟通，以提升成交率。小红书私信属于站内私域，不同于微信私域，站内私域的回复率可能不高，甚至 1 分钟内不回复，用户可能很长一段时间内都不会上线，也基本等于和这个用户断联，也就是花费巨大成本得来的营销线索就此丢失。

当然，这种做法也有一定的漏洞，即仍有相当大一部分用户并不能理解"立即咨询"这个链接的逻辑，也没有养成这种被营销的习惯，因此还是有不少用户在这类笔记下留言问：怎么联系？

这给我们一个思考就是：广告主在使用私信组件进行营销的时候，一定要注意做好评论区的维护，并且需要考虑到引导用户点击评论区置顶的"立即咨询"蓝色字。

**图6-12 小红书某私信组件笔记**

由于用户心智很难对等统一,因此在评论区引导下依然有部分用户无法理解到底如何联系,甚至没有联想到"私信"的逻辑,此时要基于用户习惯在评论区用小号采取更加便利的引导,如让用户私信,或者搜索品牌关键词。甚至可能还会在评论区遇到竞品的恶意截流,此时还要提醒用户不要轻信评论区的不知名用户,避免上当受骗。因为这类广告的引流主体是在评论区,因此像图片中的未做好评论区建设的案例,就值得我们作为反面教材去学习。

小红书评论区一直是"求链接"的核心区域,用美感很强的图片或者视频吸引用户到评论区问购买地址、联系方式、具体做法等,都是意向客户的"吸铁石"。而私信营销则是官方提供的站内私域营销,具体的营销策略还需要根据产品的实际情况设定。一般小红书私信(站内私域)的营销流程如下。

第一步:先问用户需求。

第二步:问用户的预算(如果是标品则跳过此步)。

第三步:直接发产品链接或者引导到微信私域进行进一步促成交。

一般单价比较低的商品可以直接在第三步发产品链接,但是大宗商品(比如房地产、汽车、装修等)则需要多轮沟通,了解用户的具体需求。很明显小红书私信在大量沟通的逻辑下并不顺畅,很多用户也并不习惯用小红书私信沟通，经常聊到一半断联，因此一般建议引导到用户更习惯使用的微信场景下再进一步沟通和促成交，如此用户流失率会大大降低，成交概率也会大幅提升。

也有朋友别出心裁，想要将意向客户引导到小红书群聊去转化，我个人建议慎重，毕竟小红书的聊天场景，无论是私信还是群聊，都不符合大部分用户的习惯。只要是不符合用户习惯又不具备利益的东西，都会造成用户的流失。

### （三）评论区截图暗示引流

图 6-13 展示了小红书评论区某私信引流案例。可以看到，创作者通过评论区置顶评论引导用户到其截图中的店铺下单该商品。根据这个笔记的评论量来看，很明显不少用户已经被种草，并且希望得到该商品的购买链接。但是由于平台规则限制，购买链接不能直接发出来，因此有意向的用户会在评论区寻找购买链接。大部分评论区的链接，无论有意无意，无论有无商业意图，这种暗示性的表达似乎成了小红书用户中的一种默契。

**图 6-13　小红书评论区某私信引流案例**

顾名思义，这个案例就是在蒲公英投放的笔记评论区下，截图具体商品的淘宝、京东等传统电商平台的商品主页，让用户自行搜索。这种方式要注意商品款式必须具备唯一性，否则在竞品也有同款式商品的情况下，就相当于给竞品送流量了。这主要是因为用户大部分习惯直接在淘宝上以图搜图，搜索结果为类似的款式。用户一般比较"懒"，不会逐字对比他的搜索结果和截图是否完全一致，只要是差不多的均有可能下单。

　　实际上，在完全利用自然流量的情况下，评论区仍有可能用这个方式给用户带来不错的收益。此时的蒲公英投放只是给用户的笔记带来更多的曝光流量，同样也是给用户的评论区购买引导带来更多的曝光流量。

　　从这个层面上来讲，蒲公英的内容投放原生性更强，看起来并不是传统意义上的"广告"，而是一个"普通用户分享的视角"。这种类型的软广往往能取得不错的效果，甚至一条爆文能产生几万、几十万个订单，这些订单可能就是一两天之内爆发的。

　　由此可见，广告主在准备做小红书投放的时候，也要做好随时会爆发的准备。毕竟如果流量真的爆发了，广告主却承接不住，那就是相当可惜的一件事情了。

# 第四节　小红书聚光平台的投放

　　聚光平台是小红书平台旗下的主要广告获取收益工具，属于商业广告的序列，类似于抖音巨量千川、快手磁力金牛等新媒体商业广告平台。目前聚光平台的投放主要面向产品，和蒲公英平台面向品牌的方向有明显的差异化。

## 一、聚光平台的介绍

　　聚光平台的功能比较全面，包括产品种草、商品推广、客资收集、直播推广、抢占赛道五个大方向，且支持 SPU（产品）为基础的精准定向和智能投放两种模式。目前新手主要采用智能定向的投放模式，相当于将账户人群探索交给系统智能算法托管，并且按照系统设定的节奏进行投放。手动投放以 CPC（按点击付费）为主，智能投放则以 oCPC（优化点击付费）和 Nobid（最大转化）为主。

聚光平台广告投放流程如下。

## （一）匹配，用户浏览时匹配广告

匹配原则如下。

### 1. 行为匹配

用户曾经浏览过同类内容，用户曾经点赞或评论过相关内容，用户曾在同类广告上被转化，等等。

### 2. 人群匹配

用户的年龄、职业、性别等特征符合投放产品的定位。

### 3. 细分匹配

用户的消费层次、同类账号的粉丝、住宅小区档次、身份标签、收入、使用手机型号、所在城市等具体信息匹配。

需要注意的是，即便匹配看起来已经非常精确，但仍不具体，因为这些人群投放广告只能做到相对精准，针对不同产品是否有良好的转化表现，还需进一步验证。

## （二）估价

每点击成本（cost per click，CPC）是系统主要的收费方式，按照这个方式，用户每次点击大概需要消耗 0.8 ～ 3.5 元广告费，这个广告费就是平台的收益。理论上，用户点击率越高，匹配越精准，对商家价值也越高，平台也能获得最大化的广告收益，因此平台会尽可能追求点击率的最大化。这个点击率官方术语叫作 CTR（click through rate），即点击通过率。原则上，创意素材质量越高，展示的频率也就越高，系统给出的估价也就越高，因为只有高出价才能获得更高的展示率。展示只是意味着用户可以看到这个广告素材，并不意味着用户一定会点进去阅读。而用户点进去阅读的比例，就是点击通过率（CTR）。

系统对广告素材进行 CTR 预估，并且据此评估创意素材的质量，再根据质量对投放的计划进行估价。这个估价是该广告素材展示频率的重要参照依据。

## （三）频控

系统智能算法给出该广告的展示频率，这是基础频率的赋值，也是素材的基础权重。但是在基础权重的基础上，系统针对 CPC 的竞价逻辑还叠加了出价权重。如果 C 素材基础权重只有 3 分，B 素材基础权重则有 8 分，那么 A 素材即便出价高于 B 素材，其所获得的展示机会也未必高于 B 素材——除非 A 素材愿意给出极高的出价。当然，这在现实中基本不存在，也不合理，毕竟 A 素材的商家明知道这个素材质量差，转化率低，为什么还要花更多钱获取展示？而且这个展示换来的点击率更低，很明显就属于花了钱没效果的典型。对于平台来讲，这种情形也属于"虽然花了钱，但是内容质量不高导致 CTR 数据低"，这不仅影响用户体验，综合上其实也拉低了平台的综合营收，因此一般不鼓励低质量的素材出高价。在系统智能管控上，需要杜绝的就是这种情况，这就是频控——即对低质量素材的展示频率进行控制，尽可能向高质量素材倾斜更高的展示频率。

## （四）竞价

竞价胜利的广告创意会以预加载的形式被推送到用户的浏览页。比如 A 素材和 B 素材基础权重都是 8 分，但是 A 素材出价 3.2 元，B 素材出价则是 5.2 元，那么很明显 B 素材会比 A 素材拥有更多的展示机会，并且在同一优质人群打开小红书的时候，拥有更加优先的展示机会——这就是价高者得。这是在同等优质素材的前提下竞价并最终由系统决定会对用户展示哪个素材。

有些素材消耗量低，主要是因为竞价不存在优势。比如某账户预算是 240 元，分 24 小时消耗完，理论上每个小时只能消耗 10 元，要保证该素材至少参与 4 次竞价，每次出价最高只能是 2.5 元，一旦该次竞价有其他素材出价更高，它则失去了该次竞价的机会。如果每次都出价失败，可能 240 元都消耗不完。当然，系统会调控一些冷门时间段对难以消耗的素材进行竞价，但是这些素材出单效率低，因此出现了部分账户"花了钱却没有转化效果"的情况。

这种情况主要是因为行业竞争激烈，如果这个赛道上有愿意出价更高的对手，那么广告主就要考虑自己在供应链等综合成本上能否跟进，否则最后就是恶性内卷，双方以亏损的形式互相抢占市场，形成互相消耗的竞争。广告主或者能生产更优秀的素材，或者在其他转化率尚可的时间段构筑山头，否则竞价在争夺阶段，最终受益方只有平台。

最后竞价胜出的素材会展示在该人群包的用户浏览页面，用户点击后对账户进行实际扣费。此前预估的 CTR 会在此时进一步修正，如预估差距过大，比如预估 CTR 是 8%，实际只有 1%，那么这个素材基础权重会进一步降低，即便出价更高也不大可能获得下一轮展示的机会。同理，如果一个素材点击率一直较高，那么在相对稳健的出价范围内仍有可能获得更多的展示机会，这就是广告爆款。

## 二、聚光平台的投放案例解析

### （一）聚光平台投流亏损的案例

在小红书上有博主讲述了这么一个案例：某品牌商一开始开设聚光账户时，直接找的官方销售开户，没想到官方销售只会一个劲地要求品牌商增加预算以提升其销售业绩，而基础的服务包括设置自动回复等操作，都没有帮忙设置，因此该账户遭受了严重的亏损。

要知道，聚光平台目前比较有效果的投放方式是从笔记引流到私信，因此私信的咨询成本就成为聚光广告的重要衡量指标。通过图 6-14 即可看出，该项目私信咨询成本可高达 43.4 ～ 50.76 元，且并非点击私信咨询后，所有用户都会开口提问。也就是说，在点击"立即咨询"后，会开口咨询的用户比例一般只有75%～92%，因此还要考虑二级指标，即"私信开口成本"。一般只有用户在私信上开口咨询了，才有进一步成交的机会。这个项目亏损主要就是因为咨询成本太高，而且好不容易获得咨询之后，由于没有及时回复导致45秒首度响应率只有22.73%～30%，造成用户进一步流失。此时该品牌商如果做一些自动回复的动作，是能够大幅提升转化率的。

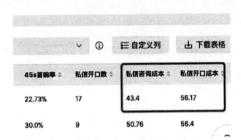

图6-14　聚光平台广告案例——页面截图1（部分）

实际上，我认为关于"官方销售冲业绩"的说法有些片面，不管是官方销售还是代理销售，都希望自己服务的品牌商能够充值更多，以提升自己的业绩。而负责和不负责的销售哪里都存在，重点还是看广告主根据本行业实际情况做出的判断。

从深层原因上剖析，这个项目亏损的最核心原因就是"浪费客户资源"。因为品牌商要花费50多元的成本，才能换来一个意向用户的开口询问，而这里有70%以上的用户询问，商家不能在45秒做到及时回复，导致大量意向客户的流失。

在小红书大数据上，私信回复45秒内是黄金时期，超过这个时间再回复，用户很有可能不再看私信，或者不再回复，总之，意向度大大降低。而上述案例中销售没有提醒商家重视这些基础建设工作，确实有失职之处，这也提醒广告主一定要选择靠谱的销售进行开户，无论是代理还是官方的销售。

因此真正做聚光投放的时候，广告主应该自己学会掌控核心的转化环节，而不是在完全不了解投放原则的情况下，盲目相信所谓"高级老师""高级顾问"的指导。目前大部分类目的CPA（每次转化费用）

投放数据中位数是 50 元，这就意味着广告主需要花费 50 多元才能获得一个意向客户开口。作为品牌方、广告主，应该重视起来，尤其是对于私信接待客服的要求，一定要钉死"45 秒回复率 90% 以上"的硬性要求，才能真正实现资源最大化地利用。否则如果在私信转化的最终环节出了问题，就算前面创意广告的点击率再高、质量再优质，整体 ROI 系数也提升不起来。

### （二）聚光平台的成功案例

小红书有网友分享了一个消费 2 万元支付金额达到 34 万元的案例，ROI 系数超过 16，图 6-15 就属于非常优质的案例。

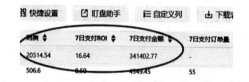

图 6-15　聚光平台广告案例——页面截图 2（部分）

其实类似的案例我也遇到不少，基本策略还是有一些规律性可以总结的。

（1）遇到优质的计划，要及时复制 3 ～ 5 条，这样可以将跑量放大 3 倍以上。

（2）消耗不能太慢，也不能太快，一般要把握住一个区间。

（3）单日满 100 元或 30 天消耗 1000 元以上即可申请私信豁免[①]（每周二考核），为放量做准备。

（4）停止投放 2 ～ 3 天即失去私信豁免。

（5）账户余额消耗完之后，超过 3 天未重启投放，但满足 30 天内小号 1000 元以上门槛，私信豁免可以保持，但继续充值后应当缓冲 3 天后再重启投放。

---

① 小红书私信每天都有数量限制，如果没有豁免，私信咨询数量达到一定程度后，私信会被禁言。

（6）前期在可控范围内消耗过高，不要马上停止投放，应先跑一段时间等待建立投放人群模型。

（7）前期如果目标出价过高，不要着急改价，系统会有赔付机制。

（8）笔记基础数据必须是赞藏大于 50 和阅读大于 1000 才可以投放，低于这个数据不建议投放。

上述是通过多个投放金额 1 万元一天的账户总结出来的经验，但是如果你的聚光投放预算每日不超过 500 元，建议只投放搜索推广，不要投放信息流推广。

另外，新手不建议直接使用"全站推广"的策略，因为这样做很容易将投放网络部署得过大，但是一时间无法收拢到精准的数据层，导致持续较长时间的亏损。一般通过信息流投放 3 ～ 5 天即可产生自己期望的结果，否则就需要排查素材和投放策略是否有问题。

最后，计划的出价一定要有节奏地调整，而不能忽高忽低，否则对账号的损害非常大，且很难拿到优质的流量。

# 后　记

　　俗话说："工欲善其事，必先利其器。"做小红书运营除了要有好的方法，也要有好的工具。本书的主体是围绕"小红书运营"展开的，因此为了避免主题过于发散，书中并没有重点介绍小红书运营的相关工具。但我考虑到读者在小红书运营落地过程中的可操作性和便利性，也特意整理了一些小红书工具的介绍，包括但不限于图片制作工具、数据分析工具等。

扫描二维码了解更多关于小红书运营工具的介绍。